道路绿色低碳发展技术丛书

道路红土粒料结构层性能研究与应用

刘军勇 张 超 刘 锋 尹利华 编著

人民交通出版社

北京

内 容 提 要

本书以西非红土粒料及对应道路结构层研究成果为基础，结合中国企业在非洲红土粒料分布区道路工程建设中的应用实践，系统介绍了西非区域红土粒料分布及性质、红土粒料用作高等级公路路基填料及路面结构层相关特性、基于法国标准的路面结构受力影响及红土粒料路基、路面结构协调设计实例等内容。本书将红土粒料地基、路基与路面三者进行有机结合，按照"机理揭示-方法创新-工程验证"的技术路线，围绕基础理论发展、核心技术创新和设计方法突破进行全面研究，形成了西非区域红土粒料对应道路结构层设计、施工综合利用成套技术，填补了中国企业在非洲路用红土粒料相关设计及施工的空白，可有效地降低当地公路工程造价、控制企业的工程风险，具有重大理论价值和实践应用指导意义。

本书可作为公路工程相关专业的科研、设计、施工技术人员与建设管理人员的参考书，亦可供高等院校相关专业师生学习参考。

图书在版编目(CIP)数据

道路红土粒料结构层性能研究与应用 / 刘军勇等编著. — 北京：人民交通出版社股份有限公司，2024.8
ISBN 978-7-114-19411-5

Ⅰ.①道… Ⅱ.①刘… Ⅲ.①道路工程—路面材料—性能—研究 Ⅳ.①U414

中国国家版本馆 CIP 数据核字(2024)第 071681 号

Daolu Hongtu Liliao Jiegouceng Xingneng Yanjiu yu Yingyong

书　　名：	道路红土粒料结构层性能研究与应用
著 作 者：	刘军勇　张　超　刘　锋　尹利华
责任编辑：	石　遥　李　农　刘永超
责任校对：	赵媛媛
责任印制：	刘高彤
出版发行：	人民交通出版社
地　　址：	(100011)北京市朝阳区安定门外外馆斜街 3 号
网　　址：	http://www.ccpcl.com.cn
销售电话：	(010)59757973
总 经 销：	人民交通出版社发行部
经　　销：	各地新华书店
印　　刷：	北京市密东印刷有限公司
开　　本：	787×1092　1/16
印　　张：	10
字　　数：	242 千
版　　次：	2024 年 8 月　第 1 版
印　　次：	2024 年 8 月　第 1 次印刷
书　　号：	ISBN 978-7-114-19411-5
定　　价：	80.00 元

(有印刷、装订质量问题的图书，由本社负责调换)

作者简介
AUTHOR INTRODUCTION

刘军勇，男，1979年11月出生，中共党员，博士，正高级工程师，陕西省中青年科技创新领军人才，陕西省工人发明家，中交集团智库一级专家，一级建造师（公路）、注册咨询工程师（投资）、注册安全工程师、检测工程师，现就职于中交第一公路勘察设计研究院有限公司，任道路工程与防灾减灾技术研发中心主任，同济大学企业导师，长安大学校外博士生导师、西北农林科技大学校外研究生指导教师。长期从事道路工程防灾减灾科研、设计与咨询工作，具有深厚的理论基础和丰富的实践经验，先后获得陕西省科学技术奖3项、中国公路学会科学技术奖6项、中国交建科学技术进步奖3项等；出版专著《强盐渍土地区公路路基修筑关键技术》，发表期刊论文50余篇(8篇EI,1篇SCI)；授权第一完成人专利11项，其中发明专利6项；参编《公路路基设计手册》，参编《黄土地区公路路基设计与施工技术规范》(JTG/T D31-05—2017)、《盐渍土地区公路路基设计与施工技术细则》(JTG/T 3331-08—2022)、《高大边坡稳定安全智能监测预警技术规范》(T/CI 178—2003)、《公路深路堑高路堤及特殊路基监测技术规程》(T/CECS G：J22-01—2023)、《公路高陡边坡、高路堤及特殊路基监测技术规程》(T/CECS G：J22-01—2023)等10余部行业、团体标准。

PREFACE 前言

红土粒料在西非地区是典型的砾石筑路材料,是由非洲地区特有的旱湿两季循环交替的气候条件和当地地理历史中的植被演替相互作用促成的。透过腐殖土层的雨水呈微酸、弱酸性,缓慢地淋溶、分解并带走原母岩中性质稳定的石英(主要成分为 SiO_2)、可溶性的盐类和碱类等物质后,留下的不溶性铁、铝、硅及少量其他金属氧化物,在干旱气候强烈的蒸腾作用与水分毛细上升的作用下,逐步胶结复合最终形成不规则的球形或块状铁质硅铝结核物。而不断的胶结、复合与脱水的过程,使其颗粒直径不断增大,在表层形成一个坚硬的氧化层硬壳。砾石类红土粒料由铁质硅铝结核氧化物构成并以块状或球状的形式存在,其内部的矿物成分为铁和铝及其他少量金属矿物(钙和铬);粉黏粒状的红土粒料由在砾石形成过程中淋溶、分解出来的石英与少量待进一步胶结、复合的金属矿物构成,其内部的矿物成分以二氧化硅为主,伴有其他以铁为主的少量金属。

根据相关文献,红土粒料主要分布在塞内加尔、科特迪瓦、加纳、布基纳法索、尼日利亚、喀麦隆、刚果(布)、布隆迪及卢旺达等非洲国家。不同国家及地区的天然红土粒料物理性质差异性较大,主要体现在级配特征、液塑限(界限含水率)、CBR(承载比)强度等方面,且同一国家不同地区红土粒料的技术指标亦存在区间变化,整体表现为含泥量偏高、液限和塑性指数偏高、部分红土粒料 CBR 强度偏低。道路用红土粒料通常位于地下 2m 范围,覆盖面积广,开采较为方便,是当地道路建设中不可多得的材料。但是,研究表明,天然红土粒料存在粗大颗粒较多、砂类土粒径缺失、细粒土含量比例过高等明显的颗粒级配缺陷,另外,在常规压实功作用下也容易产生破碎。同时,红土粒料具有分布区域广、形成机理复杂而漫长、性能随风化程度或母岩种类变化多样等特点,其本身的性质具有明显的区域性和变异性,这也限制了其作为高等级公路路面材料。

针对上述问题,本书以科特迪瓦奥迭内—马里与几内亚边境公路(简称"北部路")工程为依托,收集西非区域红土粒料实践资料,对非洲热带多雨气候条件下红土粒料作为高等级公路路基及面层材料的路用性能及对应的道路结构层进行研究,为非洲同类地区公路建设提供参考,以期有效降低当地公路工程造价和控制中国企业的工程风险,同时,积极响应国家"走出去"战略,服务于"一带一路"和"三网一化"(高速铁路网、高速公路网、区域航空网和工业化)建设。

作　者

2023 年 7 月

CONTENTS 目录

第1章 西非区域红土粒料分布及性质 ……………………………………………… 1
  1.1 西非区域地质演变概况 ………………………………………………………… 1
  1.2 西非部分国家红土粒料分布及特性 …………………………………………… 4
  1.3 本章小结 ……………………………………………………………………… 13

第2章 红土粒料用作高等级公路路基填料特性研究 …………………………… 15
  2.1 红土粒料基本物理性质试验 ………………………………………………… 15
  2.2 红土粒料路基填筑技术 ……………………………………………………… 29
  2.3 红土粒料路基试验段方案及结论 …………………………………………… 32
  2.4 本章小结 ……………………………………………………………………… 44

第3章 红土粒料用作高等级公路路面结构层特性研究 ………………………… 46
  3.1 改良红土粒料路用性能试验 ………………………………………………… 47
  3.2 红土粒料基层、底基层填筑技术 …………………………………………… 58
  3.3 本章小结 ……………………………………………………………………… 73

第4章 基于法国标准的路面结构受力影响分析 ………………………………… 74
  4.1 法国标准荷载 ………………………………………………………………… 74
  4.2 拟定影响路面各结构层受力分析参数范围 ………………………………… 75
  4.3 路面结构有限元模型建立与计算分析 ……………………………………… 77
  4.4 路面结构力学性能分析 ……………………………………………………… 89
  4.5 特殊环境因素分析及路面适应性结构 ……………………………………… 105
  4.6 本章小结 ……………………………………………………………………… 112

第5章 基于法国标准的红土粒料路基、路面结构协调设计实例 ……………… 114
  5.1 概述 …………………………………………………………………………… 114
  5.2 规范采用情况以及和中国规范的主要差异 ………………………………… 115
  5.3 各设计阶段文件组成及特点 ………………………………………………… 119
  5.4 技术要点及工程实例 ………………………………………………………… 121

5.5 本章小结 …………………………………………………………………… 146
第 6 章 结论与展望 ……………………………………………………………… 147
  6.1 结论 ………………………………………………………………………… 147
  6.2 展望 ………………………………………………………………………… 148
参考文献 ………………………………………………………………………… 149

第1章
西非区域红土粒料分布及性质

1.1 西非区域地质演变概况

1.1.1 非洲大陆地质概况

非洲大陆地跨赤道南北,南北最长约8000km,东西最宽约7500km,有50多个国家和地区。非洲大陆是地球上面积第二的大陆,也是地球上已知最大的含有太古代大陆板块地壳的地区。非洲大陆前寒武纪地层广泛发育,占据了该大陆约80%以上的地区,仅在该大陆的西北部边缘和南部边缘有显生宇造山带。非洲大陆构造线走向主要为南北向或北东—南西向,前寒武纪地层全部强烈褶皱并有花岗岩、混合岩侵入。在非洲大陆东部,发育有世界著名的东非大裂谷,沿大裂谷两侧有大范围的中新生代火山岩分布。

非洲大陆板块的远古地质构造运动主要以在2.3~1.8Ga的火山沉积和构造作用为主,这些地质活动统称为埃布尔尼造山运动,在南非、中非和西非大陆板块中均发现有该地质活动。

非洲大陆各时代地层均有发育,以太古界、下元古界和中上元古界地层最为重要,其次为古生界。非洲大陆太古界地层主要分布在南非、津巴布韦、博茨瓦纳、坦桑尼亚、刚果(金)、乌干达、苏丹、几内亚、利比里亚、塞拉利昂、埃塞俄比亚等国,岩性主要为一套中深变质的铁镁质到长英质火山岩,火山碎屑岩系,上部含较多沉积岩。下元古界地层主要分布在西部非洲和中部非洲一带,岩性为中浅变质的中基性、中酸性火山岩,火山碎屑岩和沉积岩系;中上元古界地层主要分布在南部非洲和中部非洲一带,主要为浅变质到未变质的碎屑岩系和碳酸岩系。非洲大陆的古生界地层主要分布在摩洛哥、阿尔及利亚、突尼斯和南非等国,在纳米比亚、津巴布韦、博茨瓦纳、莫桑比克、马拉维、马达加斯加、几内亚、尼日利亚、刚果(金)、马里、毛里塔尼亚等国也有分布,主要为碎屑岩、碳酸盐和含煤沉积。非洲地区的中生界地层分布较为局限,主要为火山岩、火山碎屑岩和碎屑沉积岩。非洲新生代的地层则以现代碎屑沉积和风沙沉积为主。

非洲大陆在其演化发展中,经历了多期、多阶段的构造作用、岩浆作用、变质作用和沉积作用。但总体看，各个时期的地质构造作用特点可以简单归纳如下：①前寒武纪时期，地质作用的主要特点是多期多阶段的板块碰撞拼合作用、裂谷作用、火山喷发作用、岩浆侵入活动、大规模花岗岩化混合岩化作用和多期次的变质作用，造就的主要金属、非金属矿床包括金、铜、铬、铂族、锰、铁、镍、钒、钛、铀、石墨、金刚石；②古生代时期，主要表现为多期多阶段的大规模海水进退和盆地升降作用，含煤地层发育；③中新生代时期，主要表现为强烈裂谷作用和大范围的基性超基性、中酸性岩浆侵入和喷出活动，以及现代沉积作用等，造就了非洲大陆千姿百态的地形地貌和丰富的油气矿床、金刚石矿床、金属矿床及各种砂矿床。

1.1.2　西非地区地质概况

非洲大陆可以说是在古生代形成的，古生代包括寒武系、奥陶系、志留系、泥盆系、石炭系和二叠纪，包括两个主要造山期。西非一些地区中，还可以明显发现以大量沉积为特征的中、新生代地质演变现象。中生代被分为三个时期：三叠纪、侏罗纪和白垩纪，以古代海洋的侵入和含有化石遗迹的大规模陆地构造的出现而著称。这两个时期的典型岩石有阿波罗组（上白垩统）和阿米里亚组（上侏罗统-下白垩统）。潟湖、三角洲和沿海地区的疏松黏土和砂体都属于这一时期的产物。

在地质学上，西非地区经历的演化发展导致了该地区不同的地质组成。西非大部分地区位于20亿年以来稳定的西非大陆板块（WAC）。西非大陆板块基底主要由太古宙和早前寒武纪岩石组成。然而，在WAC内存有不同的沉积盆地，它们的演化发展程度各不相同，主要有三个盆地，即廷杜夫（Tindouf）盆地、陶德尼（Taudeni）盆地和沃尔特（Volta）盆地。关于比里姆（Birimian）地区的地层学有各种不同的理论，法语区国家认为在变质火山岩上覆有变质沉积岩。然而，英语区国家的地质学家却反驳了这一说法，他们提出了一种相反的地层学，即变质火山岩覆盖在变质沉积岩之上。泛非造山运动进一步激活了西非大陆板块构造运动，并改变了西非大陆板块基底的主要岩石。古生代、中生代和新生代的地质沉积和构造运动，都促使现有西非地质结构的形成。

由于西非地质演变的情况，西非地区矿产十分丰富。西非太古代岩石中广泛储藏有金、铝和锰等，包括加纳在内的几个西非国家均有重大发现。如加纳阿散蒂（Ashanti）带主要由菱形岩组成，蕴藏着已开采了几十年的大型金矿床。利比里亚、塞拉利昂、科特迪瓦、布基纳法索等国家都在元古代的矿床中发现了金、铜和铀等多种矿物。

不同学者对WAC的镁铁质岩墙群的研究表明，WAC中许多岩墙组的地质学年代、岩石学、地球化学和地磁特征仍有待确定。

WAC自20亿年前稳定后构成了非洲西北部的现有地层。WAC由三个太古宙和元古代板块组成，分别是Reguibat板块、Anti Atlas板块和Leo-Man板块，并且由两个板块沉积盆地隔开。

WAC的岩墙和岩床有着非常明显的结构、矿物学和地球化学特征。基本由玄武岩组成，通常由斜长石、单斜辉石、斜方辉石和橄榄石组成，结构粒度较粗且不均匀。

经济价值较高的矿物质形成与地层运动相关，部分地区深厚岩床中的红土演变为铁质红土，WAC的岩墙和辉绿岩岩床中的辉绿岩可以作为公路、铁路等大型基础设施建设的碎石原材料。

由于其纬度位置特殊，该地区容易受到炎热和潮湿气候(有利于红土类型的强烈风化)的影响，并且伴有雨季和旱季的交替。在这种气候条件下，地质学专家认为大气圈和岩石圈的共同作用力对该地区的沉积物演变有着重要的影响。

1.1.3 红土粒料的成因与分布

"红土"一词最早由Buchanan提出，指的是印度南部大面积的铁质土壤沉积层。该材料外形与铁锈聚合成的颗粒相似，其暴露在空气中会凝结变硬，且稳定性和强度较好，因此常被用于建筑领域，在当地也被称为"砖土"。"红土"一词是拉丁语的翻译，词根是"later"，有砖的意思，在使用中可以作为参考。自1807年以来，"红土"一词在各类研究报告和出版刊物中被广泛使用，包括地质学、矿物学、材料和岩土工程等领域。随着科学工作者对红土的认识，红土被分为以下几类：红土粒料(Graveleux latéritiques)、硬质外壳红土(Cuirasses latéritiques)、红黏土(Carapaces latéritiques)。

研究人员对红土在形成过程中气候的作用持有不同的看法，其中温度会影响土壤中的物理和化学反应。MAIGNIENR指出，大多数红土在年均温度约25℃的地区形成，但是在马达加斯加深层红土高原地区的年平均气温为18℃。因此，温度效应对红土形成的影响是间接的。

水在土质形成过程中主要起浸出作用，其作用的有效性取决于岩石的天然特性。在西非区域，基岩红土化可以在1100mm/年的降雨条件下进行，而在富含石英的花岗岩上，基岩红土化的降雨量条件为1250~1300mm/年。基岩红土化没有降雨量上限，在平均降雨量为6000mm/年的几内亚，红土具有良好的物理力学特性。

红土的主要矿物成分(铁和铝的水合氧化物)分布在潮湿的热带和亚热带地区，包括非洲、东南亚、中美洲、南美洲，以及印度和澳大利亚。

在非洲热带雨林与草原地区，红土粒料是在热带雨林与草原气候条件下，由于干湿循环交替形成的。在雨季，由于微酸性的雨水下渗后，雨水缓慢淋溶，水解带走了原岩中的可溶性二氧化硅和碱类物质；在旱季，在强烈的高温蒸发与毛细上升作用下，不溶性的铁、铝、硅等氧化物逐步上升，复合形成了不规则的球形铁质硅铝结核体，并在不断的胶结、复合、脱水的过程中，甚至可以形成直径达到几十厘米的坚硬的结核实体，强度非常高。母岩不断地释放出铁、铝、硅等氧化物，最终演变成一般黏性土。红土的典型特征是$SiO_2/(Fe_2O_3+Al_2O_3)$小于或等于2。部分红土形态特征如图1-1所示。

通过对非洲地区的红土粒料组成成分进行研究，红土粒料主要由三部分组成：

(1)未分解的母岩碎粒料。处于未分解或结核化演变过程初级阶段的碎粒料，为无孔隙的粒料状材料，也有一些呈条状或片状结构。

(2)铁质硅铝结核粒料。母岩碎粒料通过胶结、复合、脱水过程，结核成钢渣般的多孔性粒料，呈深褐红色或黄褐色，强度很高，相对密度很大，类似含铁矿物。

（3）母岩经长期淋溶分解后的黏性土。母岩不断地释放出铁、铝、硅等氧化物后，最终演变为一般黏性土。

a) 结节状红土

b) 结节状红土取土坑

c) 硬质红土

d) 红土块石

图1-1 部分红土形态特征

红土粒料常见的颜色是棕色、红色、赭色。其表观颜色也是评价红土粒料风化程度和形成环境的关键，红色或赭色铁质包块在初期会风化成棕色，少数风化成黑色，铝质包块随着时间的延长逐渐变得薄弱。在积水地区，铁质内核比氧化质颜色更深。

安哥拉、莫桑比克和南非的红土矿物研究表明，红土中的铁和铝主要以针铁矿[$FeO(OH)$]（黄棕色）的形式存在，有较少的赤铁矿（Fe_2O_3）（红色）和三水铝石[$Al(OH)_3$]（白色），很少有岩浆铁矿（Fe_2O_3）（红棕色），也可能存在锐钛矿（TiO_2）和金红石（TiO_2）的痕迹。

1.2 西非部分国家红土粒料分布及特性

依据收集到的资料，选取科特迪瓦、布基纳法索、加纳等西非国家作为代表，对其国内红土粒料分布及工程特性简介如下。

1.2.1 科特迪瓦红土粒料分布及特性

1）科特迪瓦自然地理

科特迪瓦地势由西北略向东南倾斜。沿海地势低平，多红树林沼泽、沙洲、潟湖；内陆多为海拔400m以下平原和低高原,西北边境几内亚高地和西南边境宁巴山山地较陡峻。西北部为海拔500~1000m的芒达山和丘里山地,北部为海拔200~500m的低高原,东南部为海拔50m以下的沿海潟湖平原。全境最高峰宁巴山(科几边境)海拔1752m。

科特迪瓦属热带气候。北纬7°以南为热带雨林气候,北纬7°以北为热带草原气候,大部分地区年平均气温26~28℃,自北而南年降水量1000~2400mm。全年分为四个季节:4月至7月中旬为大雨季,7月中旬至9月为大旱季,9月至11月为小雨季,12月至来年3月为小旱季。科特迪瓦境内主要河流有科莫埃河、邦达马河、萨桑德拉河和卡瓦拉河等,都向南流。

科特迪瓦境内四条主要河流的水文状况与降雨量密切相关。有部分河流和水库表现出水生植物入侵的富营养化现象。阿比让潟湖流域水中的硝酸盐和磷酸盐浓度正在逐年增加,阿比让地下水中硝酸盐的含量也越来越高。

科特迪瓦主要为热带雨林气候与热带草原气候,南部为热带雨林气候,北部为热带草原气候。雨林主要集中在南部和西南地区,中部和北部主要为潮湿密林和干燥密林。

科特迪瓦在大地构造上位于西非早元古代克拉通的中部,几内亚太古代地核的东缘。跨越东部板块区(太古域,前比里姆高级变质区)、中部板块区(元古域,比里姆火山-沉积建造)和东部比里姆系复理石、塔克瓦系磨拉石沉积区,南部沿大西洋海岸还有中新生代断陷盆地,地质构造十分复杂。

岩石属于花岗岩(元古宙)和片麻岩(太古宙)。基质由花岗岩均相和非均相黑云母组成,含亚碱性云母和片麻岩。几乎整个科特迪瓦地层(97.5%)均为前寒武纪地层,南部沿海边缘为沉积盆地地层。

覆盖土壤主要为红土粒料、砂性土、黏土、碎石黏土,或者从风化层风化出来的物质(该物质厚度介于0~10m)。红土粒料、黏土质砂分布最为广泛且容易压实,压实后不压缩不膨胀。其中,红土粒料是一种热带风化残积土,通常由粒径2~20mm的粗颗粒和红土黏土(通常为红色)组成。

2)科特迪瓦自然区域划分

根据科特迪瓦的地质、气候和地形地貌等分布特征,科特迪瓦国家实验室将科特迪瓦全国分为7个自然区域。各区域气候特征见表1-1。

各区域气候特征 表1-1

区域	名称	海拔(m)	母岩	土壤分类	累计缺水(mm/年)	降雨量(mm/年)	气温(℃)	降雨持续时间(月)	植被	气候类型
R1	沿海地区	0~50	第三系砂	黏土质砂	≤250	1500~2000	21~31	4~5	茂密潮湿雨林	赤道型
R2	东南平原林区	50~200	页岩	高含铁土	200~500	1200~2000	20~30	4~5	茂密中湿雨林	赤道型

续上表

区域	名称	海拔（m）	母岩	土壤分类	累计缺水（mm/年）	降雨量（mm/年）	气温（℃）	降雨持续时间（月）	植被	气候类型
R3	西南平原林区	100～300	含页岩花岗岩	高含铁土	200～400	1600～2500	20～30	3～5	茂密潮湿雨林	赤道型
R4	中南部地区	200～300	含页岩花岗岩	中等含铁土	300～600	1200～1600	15～35	5～7	几内亚热带雨林	赤道过渡型
R5	中北部地区	300～400	含页岩花岗岩	（低）含铁土	600～900	1200～1500	15～35	7～8	森林草原	热带型
R6	东北高原地区	200～400	花岗岩	热带含铁土	600～900	1000～1300	16～34	7～8	森林草原	热带型
R7	西北山区	400～1700	花岗岩	高含铁土	400～900	1300～1800	12～37	5～7	草原（北），森林（南）	山地型

R1 地区主要分布土质为砂砾，砾石和块石含量较少，地下水为浅层分布，雨季时，土壤易受降雨影响。该区域内分布有大城市，城市道路交通繁忙。对于交通量较小或交通量中等的道路，路面结构层可以使用天然砂砾、水泥改良砂砾或沥青砂。对于交通量等级较高的道路，路基或路面结构层应当使用化学或物理改良后的砂砾。

R2 地区主要分布有砾石和砂（G2 和 G3 型），页岩质量较差，地表有树木覆盖，软土和页岩中天然含水率高，易受侵蚀，用于施工时应当注意施工质量，避免返工。对于交通量较小或交通量中等的道路，在路面结构选择时一般使用天然砂砾铺筑底基层，使用水泥改良砂砾铺筑基层。

R3 地区主要分布着具有一定塑性的砂砾石（G2 和 G3 型），主要为花岗岩，并伴有页岩，地表通常被森林植被覆盖。含页岩和砂岩的浅层软土天然含水率较高。对于交通量较小或交通量中等的道路，在路面结构选择时一般使用天然砂砾铺筑底基层，使用水泥改良砂砾铺筑基层。其中，花岗岩质的砂砾也可以用作底基层为碎石时道路的基层。

R4 地区南部主要分布着具有一定塑性的砾石（G2 和 G3 型），北部主要为质量较好的砾石（G1 和 G2 型）。该区域北部温差较南部大。对于交通量较小或交通量中等的道路，在路面结构选择时，一般在南部使用水泥改良砾石基层，北部使用天然砾石基层。

R5 地区主要分布有铁质砾石（G1 和 G2 型）和砂质砾石组成的砾料。岩质主要为花岗岩和片岩，表层植被多为灌木。该地区温差较大，浅层松散土层易受侵蚀。对于交通量较小或交通量中等的道路，在路面结构选择时可以考虑全部使用天然砾石材料，或者使用破碎的花岗岩作为基层。

R6 地区主要分布有铁质砾石（G1 和 G2 型）和砂质砾石组成的砾料，埋深较浅，外壳较硬，并伴有板结现象形成岩质较硬的块体。岩质主要为花岗岩和片岩，表层植被较少。该地区温差较大，浅层土体易受侵蚀。对于交通量较小或交通量中等的道路，在路面结构选择时可以考虑全部使用天然砾石材料，或者使用破碎的花岗岩作为基层。

R7 区域为山区地带，分布有大量的花岗岩，储量丰富，可以作为主要选用的筑路材料。

该区域北部有部分低矮的砾石山丘,天然排水条件良好,但也存在砂砾石被侵蚀的可能性,且昼夜温差较大。

3)科特迪瓦红土粒料概况

红土砾石是含有大量不同粒径、硬度较大的天然砾质黏土,它是在湿热带气候里一种由铁质硅铝复合而成的球形结核,表层含较丰富的铁质而呈红色,故称红土砾石,也可称为红土粒料。

科特迪瓦天然红土粒料按照其力学性质的不同分为以下三类,分别为 G1、G2 和 G3,见表 1-2。

科特迪瓦天然红土粒料分类标准　　　　　表 1-2

分类等级	液限(%)	塑性指数	细料含量(%)(<0.075mm)	CBR(浸水4d)	最大干密度(g/cm^3)	最佳含水率(%)
G1	15~40	5~15	5~15	30~80	2.10~2.30	5~8
G2	25~60	15~25	15~25	20~50	2.00~2.25	9~10
G3	40~70	25~35	15~25	15~40	1.90~2.20	8~12

红土粒料是西非主要的筑路材料。红土粒料作为公路路基路面结构层材料在科特迪瓦已经有近 20 年的历史,其在技术上和经济上都具有显著的效益。

科特迪瓦红土粒料虽然丰富,但可供开采的厚度一般仅在 0.5~2m。如果就其天然状态不加选择地进行水泥稳定则达不到公路基层所要求的承载能力。由于铁质硅铝复合而成的球形结核演变程度不同而导致砾石质量、颗粒组成以及物理力学特性差异很大,而且在用推土机等土方机械进行开采时要去掉表面覆盖层并避免磕碰到下层风化黏土,以便在水泥稳定时达到最佳的效果,所以对用于基层铺筑的红土粒料必须进行精选。按照法国和科特迪瓦的规范要求,精选天然红土粒料有机物含量不能超过 0.5%,细料塑性指数小于或等于 20,粒径小于 0.075mm 成分的百分比应小于或等于 20%,浸水 4d 后,承载比(CBR)大于或等于 30%。

4)科特迪瓦路基土分类

假设路基在最佳含水率条件下碾压施工,且可以达到最佳压实状态。根据用于填筑路基土质的承载力即承载比(CBR),将路基土分为五类,见表 1-3。

路基土分类指标　　　　　表 1-3

分类等级	CBR(%)范围
S1	0 < CBR < 5
S2	5 ≤ CBR < 10
S3	10 ≤ CBR < 15
S4	15 ≤ CBR < 30
S5	CBR ≥ 30

CBR 范围的确定主要考虑以下几个因素：

(1)减小路基路面结构层厚度变化,易于施工,保证路基施工质量均匀。

(2)CBR 试验结果由于浸水、制备试件时的含水率、击实效果等因素对 CBR 造成的离散性和变异性。

(3)当 CBR≥15% 时,路基土中粗颗粒含量较多,导致试验结果的离散性高于均匀的细粒土。根据大量的 CBR 试验结果,当 15%≤CBR<30% 时,路基施工质量均匀性较好,因此,将 S4 级路基土的 CBR 值确定为 15%~30%。

(4)如果路基土的 CBR≥30%,路基即可达到底基层的强度,因此,将 CBR≥30% 的路基土定位 S5 级。

(5)S1 级路基土通常为承载力极低的细粒土(CBR<5%)。在潮湿地区,即使在旱季该类土的天然含水率依然很高。该类土在水浸泡后几乎没有承载力,且会出现明显的膨胀现象。该类土敏感性强,胀缩效应明显,施工质量难以达到要求。因此,此类土不宜在路基中使用。

5)科特迪瓦部分工程用红土粒料基本特性

(1)Duékoué-Guessabo-Issia 公路。

该项目沿线红土粒料基本特性表现为液限 20%~58%,塑性指数 12~33,最大干密度 2.19~2.30g/cm³,最佳含水率 5.2%~7.8%。颗粒级配分析结果见表 1-4。

筛分通过百分率　　　　　表 1-4

粒径(mm)	最小值(%)	最大值(%)	平均值(%)
30	87	100	98
20	82	100	90
10	70	95	82
2	21	42	31
0.2	10	26	18
0.075	7	23	15

(2)布瓦凯—塔菲尔铁路。

该项目沿线红土粒料基本特性表现为液限 40%~62%,塑性指数 19~34,最大干密度 1.89~2.14g/cm³,最佳含水率 9.0%~11.3%,浸水 4d 后 95% 压实度时的 CBR 为 10%~45%。颗粒级配分析结果见表 1-5。

筛分通过百分率　　　　　表 1-5

粒径(mm)	最小值(%)	最大值(%)	平均值(%)
30	90	100	95
20	86	100	93
10	77	96	86
2	30	47	39
0.2	17	34	25
0.075	12	30	21

1.2.2 布基纳法索红土粒料分布及特性

1）布基纳法索自然地理

布基纳法索的面积为274122km², 位于西非内陆, 与马里、科特迪瓦、加纳、多哥、贝宁和尼日尔为邻, 坐标介于北纬9°~15°、东经2°~西经5°之间。西部有广大地区土壤多沙, 十分贫瘠。布基纳法索以热带草原气候为主, 年降水量介于500~1000mm, 南多北少。布基纳法索境内主要河流有穆洪河、纳康贝河和纳齐农河。布基纳法索资源匮乏, 且地处沙漠边缘, 可耕地面积较少。

2）红土粒料分布概况

在布基纳法索除了北部沙漠地区和东部地区, 红土粒料在全国的分布较为广泛, 可作为良好的建筑材料。

3）布基纳法索红土粒料概况

布基纳法索可供使用的红土粒料大部分埋深在20~50cm, 埋深50~100cm的红土粒料只有很少一部分可供使用。红土粒料通常表现出如下性质: 颗粒粒径分布在0~40mm; 0.075mm过筛率约为30%; 大于2mm的颗粒占比约为50%~80%; CBR值根据土的不同性质分布在18%~85%。

红土粒料可用于修筑路基和垫层、底基层、基层等路面结构层, 使用时应当符合当地规范。部分道路基层对红土粒料的使用有如下规定:

浸水4d后95%压实度时的CBR大于或等于40%; 浸水4d后98%压实度时的CBR大于或等于80%; 塑性指数<15; 细颗粒含量≤25%; 最大干密度≥2.1g/cm³; 颗粒粒径级配曲线要求10mm的过筛率<75%、2mm过筛率<35%、0.075mm过筛率<25%。

4）布基纳法索红土主要组成成分

对布基纳法索红土进行化学成分分析, 结果表明红土中Al_2O_3、Fe_2O_3和SiO_2的含量超过95%, 其他成分包括Mn_3O_4、CaO、N_2O和P_2O_5、铬、锌、钛和钒。

在布基纳法索中南部进行其他相关研究也得出了类似的结果。化学分析显示, SiO_2含量最高(56.19%), 其次是Fe_2O_3(16.09%)和Al_2O_3(10.10%), CaO含量低(3.24%)。矿物学分析发现, 高岭石、兰金石和石英的比例很高, 赤铁矿和针铁矿含量低。

根据S/R指标可以将红土分为三类:

$$\begin{cases} \dfrac{S}{R} = \dfrac{\dfrac{wSiO_2}{60}}{\dfrac{wAl_2O_3}{102} + \dfrac{wFe_2O_3}{160}} \\ K_i = \dfrac{\dfrac{wSiO_2}{60}}{\dfrac{wAl_2O_3}{102}} \end{cases} \quad (1-1)$$

式中，w 为各组分百分比含量。

Ⅰ类红土，$S/R<1.33$；Ⅱ类红土砾石，$1.33<S/R<2$；Ⅲ类非红土，$S/R>2$。

S/R 可以将红土与高岭土等黏土进行区分，但是其将铁矿石、铝土矿和许多含铁砂岩归类为红土。另外，当红土颗粒级配不同时，S/R 也不同，因此这种分类方法也有不足之处，但其对于有采矿价值的地层是有用的。几种不同级配的红土 S/R 见表1-6。

不同级配的红土 S/R 表1-6

级配分布(mm)	SiO_2(%)	Al_2O_3(%)	Fe_2O_3(%)	S/R
0~20	55.4	15.35	23.90	3
0~2	78.10	12.50	3.10	9
2~20	32.70	18.20	44.70	1.2

从地球化学的角度来看，采用 K_i 和 S/R 两者共同用于对红土进行分类是比较合理的方式。

1.2.3 加纳红土粒料分布及特性

1）加纳自然地理概况

加纳位于非洲西部、几内亚湾北岸，西邻科特迪瓦，北接布基纳法索，东毗多哥，南濒大西洋，海岸线长约562km，面积238537km²。沿海平原和西南部阿散蒂高原属热带雨林气候，沃尔特河谷和北部高原地区属热带草原气候。各地降雨量差别很大，西南部平均年降雨量2180mm，北部地区为1000mm。矿产资源丰富。

几内亚湾沿岸为丘陵、平原，东西两侧为丘陵低山，中部和北部为平原，土地平坦，海拔多在500m以下，最高876m，一半以上的面积海拔在300m以下。北部主要是稀树和大草原，南方则为热带雨林。

加纳位于热带气候区，全年温度在21~32℃，每年3~7月和9~10月为雨季，8月有短暂的旱季，从10月到次年3月为旱季，西部地区降水最多，北部地区降水最少。

2）加纳土壤分布研究

加纳全国范围内，大多红土都是母岩长期受到侵蚀就地形成的，风化淋溶是形成硬质红土粒料的自然条件。粒料表面的不透水层主要由铁铝氧化物组成，这些氧化物为不溶性的材料在毛细和蒸发作用下逐渐胶结形成，其形成过程根据每个地区的特点显示出一定的差异。淋溶作用在潮湿多雨的南方更为显著，但是较为干燥的北方更易形成红土。

加纳北部热带草原地带的红土形成与页岩和复合花岗岩有关，主要埋藏在平原地区坡度较缓处，埋深由浅到深。土壤颜色一般为浅棕色至浅灰色，其中含有10%~40%铁质砾石。

在森林分布区，土壤主要为红土。降雨量中等地区，红土可以细分为低酸性红色土（红色、棕色和黄棕色);降雨量超过1650mm的西南部地区,分布的红土主要为高酸性低肥力氧化土。砾石类土主要分布在沿海地区和北部草原地区。

沿海地区和草原地区土壤类型较为丰富,包括热带黑土、热带灰土、酸性软土。热带黑土虽然难以处治,却是良好的农作物用土。

3) 加纳红土粒料矿物特性

对加纳不同埋深处的红土粒料进行研究,内容包括物理化学试验和气候地质条件等。其中,物理化学试验包括粒径试验、pH值、碳酸钙含量、有机质含量等;地质气候条件包括气候和植物分布、母岩、淋溶和红化程度以及黏土含量等。红土粒料试验结果见表1-7,红土特征见表1-8。

红土粒料试验结果 表1-7

气候植被	母岩	残积类型	pH	C_{CaCO_3} (%)	C_{MO} (%)	阳离子交换容量 CEC (m mol/g)	含水率 (%)
沿海大草原	片麻岩	残积	5~9	0~20	0~3	1:0~22(3)	0~3.2(0.6)
						2:22~33(3)	3.2~5(0.6)
						3:33~54(3)	5~11(0.6)
		非残积	—	—	—	1:0~12	0~3.4(0.6)
						2:12~18	3.4~4.8(0.6)
						3:18~28	4.8~7.4(0.6)
树木繁茂的大草原	花岗岩/砂岩	残积	5~8	0~2	0~3.5	1:0~5(3)	0~1.3(0.5)
						2:5~7(3)	1.3~1.8(0.5)
						3:7~10(3)	1.8~3.0(0.5)
森林	花岗岩	残积	4.5~8	0~1	0~4.5	1:0~10(3)	0~2.8(0.4)
						2:10~14(3)	2.8~3.4(0.4)
						3:14~20(3)	3.4~3.9(0.5)
	玄武岩	残积	—	0~2	0~4.5	1:0~9(3)	0~2.8(0.4)
						2:9(3)	2.8~3.9(0.4)
						3:9(3)	3.9~5.2(0.5)
树木繁茂的大草原/森林	玄武岩/花岗岩/页岩	非残积	4.5~8	0~2	0~4.5	1:0~9(4)	0~2(0.5)
						2:9~11(4)	2~2.9(0.5)
						3:11~12(4)	2.9~5.3(0.5)

注:"1"表示无黏性、低黏性土;"2"表示中黏性土;"3"表示高黏性土。括号内的数字表示变化范围。

红土特征 表1-8

编号	1	2	3
气候植被	森林	树木繁茂的大草原	沿海大草原
土壤组别	森林赭石和氧化物溶胶	萨凡纳赭石,红土	热带黏土(A) 沿海砂土(S)
母岩	花岗岩(G) 玄武岩(P)	火山砂岩(GV) 花岗岩(G) 玄武岩(Ph) 页岩(SV) 泥质岩(Pe)	A:片麻岩 S:沿海砂土
残积类型	残积	GV、SV、Pe:残积 G、Ph:非残积	A:残积 S:非残积
当地地形	平原	GV、Pe:高原 G:山谷 Ph、SV:低地	A1:主要是低地 A2:山谷、低地 S:沙丘、山谷、低地
排水条件	良好	GV:好 其他:一般或较差	A:非常不好 S:好
黏土主要矿物成分	高岭石	高岭石	A:蒙脱石 S:不确定
附属矿物	云母(白云母)	GV:小白云母 G:无 其他:蒙脱石,石云母	A:高岭石 S:不确定
浸出程度	高	GV、G:高 其他:从低到高	低

4) 加纳红土工程特性

通常使用颗粒分析试验、塑性试验等对土样进行分类,不同类型红土的塑性指数平均值和标准差见表1-9。

不同红土的塑性指数平均值和标准差 表1-9

红土类型	塑性指数平均值	标准差
红土A	15	8
红土B	23	7
红土C	27	12

有研究表明,当液限在 30%～40% 时,这三类红土(红土 A、红土 B 和红土 C)的塑性指数几乎相同。三种类型的红土液限和塑性指数的关系见表 1-10,三种类型红土对比见表 1-11。

三种类型的红土液限和塑性指数的关系 表 1-10

液限 w_L	塑性指数 I_P		
	红土 A	红土 B	红土 C
10	—	2.08	3.5
20	5.7	7.78	8.5
30	12.8	13.48	13.5
40	19.9	19.18	18.5
50	27	24.88	23.5
60	34.1	30.58	28.5
70	41.2	36.28	33.5
80	48.3	41.98	38.5
90	55.4	47.68	43.5
100	62.5	53.38	48.5

三种类型红土对比 表 1-11

红土名称	含泥量(%)	SiO_2/Al_2O_3	降雨(mm)
红土 A	<0.15	=2	<1800
红土 B	<0.25	<2	>1500
红土 C	>0.2	=0.2	>1250 <2750

将塑性指数与液限进行相关性分析后,发现存在如下关系:
红土 A:$I_P = 0.71 w_L - 8.5$;红土 B:$I_P = 0.57 w_L - 3.62$;红土 C:$I_P = 0.50 w_L - 1.5$。

1.3 本章小结

(1)为了了解西非地区红土粒料成因及形成地质历史,通过查阅国内外大量文献,对非洲大陆和西非地区地质概况进行研究,明确了西非大陆板块地质变迁历史和地质分布概况。在此基础上,探索西非地区红土粒料的地质成因与分布特性,对红土粒料的组成特点和基本物理化学特性进行总结归纳。

(2)西非地区红土粒料与国内红土有着较大的性质差异,西非红土主要以砾类土为主,中间粒径含量较少,故称为红土粒料,其天然力学特性虽有变异性,却是当地良好的路基填料。从公路工程地基和路基材料的角度来看,根据红土粒料的不同特性可以分别用作路基填料、垫层和路面结构底基层。在分类指标上,应突出其与工程性质相关的指标亚类划分,从而更有针对性地开展研究。

(3)红土粒料的形成与当地的自然地理概况密切相关,根据各区域和国家的特点,明确各地自然地理特征的差异,结合已有工程勘察资料及属地国已有项目资料和研究报告,确定了以科特迪瓦等地区为代表的西部非洲的红土粒料分布范围,对不同地区的红土粒料典型宏观和微观特性进行全面系统总结。

第 2 章

红土粒料用作高等级公路路基填料特性研究

2.1 红土粒料基本物理性质试验

2.1.1 概述

红土粒料在西非地区是典型的砾石类筑路材料,是在非洲地区特有的雨、旱两季循环交替的气候条件和当地植被演替相互作用下形成的。透过腐殖土层的雨水呈微酸、弱酸性,缓慢地淋溶、分解并带走原母岩中性质稳定的石英(SiO_2)、可溶性的盐类和碱类等物质后,留下的不溶性铁、铝、硅及少量其他金属氧化物,在干旱气候强烈的蒸腾作用与毛细上升作用下,逐步胶结复合,最终形成不规则的球形或块状铁质硅铝结核物。而不断胶结、复合与脱水的过程,使其颗粒直径不断增大,在表层形成一个坚硬的氧化层硬壳。砾石类红土粒料由铁质硅铝结核氧化物构成并以块状或球状形式存在,其内部的矿物成分为铁和铝及其他少量金属矿物(钙和铬);粉黏粒状的红土粒料由在砾石形成过程中淋溶、分解出来的石英与少量待进一步胶结、复合的金属矿物构成,其内部的矿物成分以二氧化硅为主,伴有其他以铁为主的少量金属。土场堆积红土粒料如图 2-1 所示。

根据文献可知,红土粒料主要分布在塞内加尔、科特迪瓦、加纳、布基纳法索、尼日利亚、喀麦隆、刚果(布)、布隆迪及卢旺达等非洲国家。不同国家及地区的天然红土粒料物理性质差异性较大,主要体现在级配特征、液塑限(界限含水率)、CBR 强度等方面,且同一国家不同地区红土粒料的技术指标也存在区间变化,整体表现为含泥量偏高、液限和塑性指数偏高、部分红土粒料 CBR 强度偏低。

图 2-1 土场堆积红土粒料

科特迪瓦当地红土粒料丰富，覆盖面积广，开采较为方便，是当地道路建设中不可多得的材料。但是，研究表明，天然红土粒料存在粗大颗粒较多、砂类土粒径缺失、细粒土含量比例过高等明显的颗粒级配缺陷，另外，在常规压实功作用下也容易产生破碎。同时，红土粒料具有分布区域广、形成机理复杂而漫长、性能随风化程度或母岩的种类变化多样等特点，其本身的性质具有明显的区域性和变异性，限制了其作为高等级公路的路面填筑材料。

2.1.2 天然红土粒料基本特性

1）颗粒级配分析

颗粒分析是测定土中各种粒组所占该土总质量百分数的方法，它对土的力学性质、物理及化学性质都起着非常重要的控制作用。黏性土颗粒分析的结果主要取决于分析的试样状态、制备方法和分析方法等因素，试样通常分为天然湿度、风干和烘干三种状态。实践证明：用天然湿度状态下的试样比风干和烘干测得的黏粒含量偏高，因为黏土中往往含有非可溶性的胶体物质，经过干燥后细颗粒能胶结成团，难以再度分散，所以用天然湿度状态下土样分析更符合实际。但是实际中，土样取出后经过长途运送，无法保持其天然含水率，因此，有关标准建议采用风干试样，这样便于同一地区同一工程用途的试验结果进行比较。本次颗粒分析试验采用风干的红土粒料进行试验，所用颗粒筛如图 2-2 所示。筛分法适用于粒径大于 0.075mm 的土样，对于粒径小于 0.075mm 的土样使用甲种密度计进行测定。

图 2-2 颗粒筛

对红土粒料进行颗粒分析试验，试验步骤如下：

(1) 取代表性的红土粒料土样 200~300g，过 2mm 筛，计算出筛上试样占试样总质量的百分比，取筛下红土粒料土样测其含水率。

(2) 取质量 30g 的土样倒入 500mL 锥形瓶，注入纯水 200mL，浸泡 12h，置于煮沸设备上煮沸，时间约为 40min。

(3) 将冷却后的悬液移入烧杯中，静置 1min，通过洗筛漏斗将上部悬液过 0.075mm 筛，遗留杯底的沉淀物用研杆研散，再加入适量的水，再过 0.075mm 的筛。如此重复清洗，直至将杯底砂砾洗净。将筛上和杯底砂粒合并清洗倒入蒸发皿，烘干、称量，进行细筛分析，并计算各粒组占试样总质量的百分比。

(4) 将过筛悬液倒入量筒，加入 4% 浓度六偏磷酸钠 10mL，再注入清水 1000mL，将搅拌棒放入量筒，沿悬液深度上下搅拌 1min，取出搅拌棒，将密度计放入悬液，按规定时间读取密度计读数。

试样取自科特迪瓦北部路 PK80+900 取土场地面以下 0~70cm 的土样。进行颗粒分析试验后的结果如图 2-3 所示。

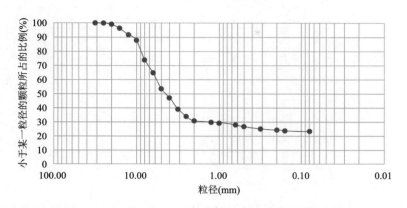

图 2-3　红土粒料级配曲线

由筛分试验获得的土样颗粒级配典型曲线如图 2-3 所示。颗粒组成曲线较为顺滑，为级配不良的土样。通过分析发现，粒径为 0.075~2mm 的红土颗粒少于 10%，严重低于规范要求。同时，粒径小于 0.075mm 的颗粒含量高于 20%，说明该红土粒料中值粒径缺失、细粒含量高、天然级配差。

参照《公路土工试验规程》(JTG 3430—2020)，根据筛分试验结果对红土粒料土颗粒划分粒组，土样中粗颗粒砾类含量(粒径>2mm)为 69.13%，粗颗粒砂类含量(0.075mm<粒径<2mm)为 7.47%，细颗粒含量(粒径<0.075mm)为 23.4%，粗粒组土粒质量之和大于总土质量 50%，故红土粒料为粗粒土。而将红土粒料土样粗粒土中砾粒组质量与砂粒组质量比较发现，砾粒组质量显著大于砂粒组质量，故红土粒料属于粗粒土中的砾类土。又因为红土粒料土样中细颗粒含量大于或等于 15% 且小于或等于 50%，根据砾类土分类体系，红土粒料属于细粒土质砾，且根据塑性图发现红土粒料位于塑性图 A 线以上，进一步确定该红土粒料为黏土质砾，可记为 GC。土的塑性图如图 2-4 所示。

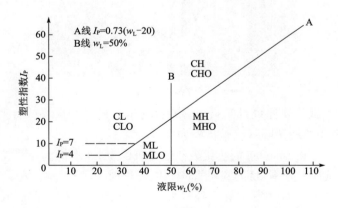

图 2-4　土的塑性图

取土场 PK54+050 不同位置的土样进行筛分试验得到的结果详见表 2-1。

天然红土粒料级配数据表　　　　　　　表2-1

筛孔(mm)	40	31.5	20.0	16.0	10.0	5.0	2.0	1.0	0.5	0.2	0.080
通过百分率（%）	100.0	100.0	95.3	92.1	81.5	58.1	44.5	36.7	25.6	20.2	16.7
	100.0	100.0	95.5	92.5	82.4	59.1	45.6	38.0	26.7	21.6	18.6
	100.0	100.0	95.6	92.2	82.0	58.3	44.8	36.5	25.2	20.3	17.2
	100.0	100.0	95.9	92.6	82.3	58.1	44.6	36.8	25.5	19.6	16.4
	100.0	100.0	95.9	93.0	82.7	58.7	45.6	37.8	26.6	20.4	16.8
平均值(%)	100	100	95.64	92.48	82.18	58.46	45.02	37.16	25.92	20.42	17.14

2）界限含水率分析

黏性土的状态随着含水率的变化而变化，各种黏土有一个处于塑性状态的含水率范围，界限含水率就是这个范围的量度值。对工程来说，具有实际意义的是液限和塑限，液限是可塑状态的上限，塑限是可塑状态的下限。界限含水率，尤其是液限，能较好地反映土的物理力学性质。从液体到塑性体的变化是逐步发生的，用一种特别灵敏的仪器测定土的强度，将土具有最小强度时的含水率作为流动状态和可塑状态的界限值，称为液限。如果土体的水分继续减小，土就变成脆性。区分塑性和脆性的界限含水率定义为塑限。液限与塑限的差值为塑性指数，它是黏土塑性的量度。碟式仪如图2-5所示。

图2-5　碟式仪

按照《公路土工试验规程》(JTG 3430—2020)，本次界限含水率试验采用液限和塑限联合测定法来测定土样的液塑限。试验步骤如下：

(1)将风干土样过0.5mm的筛，称代表性土样200g，用纯水将土样调成均匀膏状，放入调土皿，浸润12h，将试样充分调匀后，填入试样杯中，填样时不应有空隙，填满后刮平表面。

(2)将试样杯放在联合测定仪的升降座上，然后在圆锥尖抹一薄层凡士林，接通电源，使电磁铁吸住圆锥。

(3)将屏幕上的读数调成零位，调整升降座，使圆锥尖接触土面，指示灯亮时，圆锥在自重作用下沉入土样，经5s后读取圆锥的入土深度，取出试样杯，取锥体附近的土样放入铝盒内,测其含水率。

(4)将全部试样加水并调均匀,重复以上步骤,并测其含水率。

(5)将圆锥入土深度及相应的含水率在双对数坐标上绘制关系曲线,如图 2-6 所示。圆锥入土深度 17mm 时的相应含水率即为液限,圆锥入土深度 2mm 时对应的含水率为塑限。

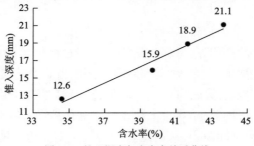

图 2-6 锥入深度与含水率关系曲线

由图可以计算得出该试样土的液限 w_L 为 39.76%,塑限为 w_P 为 23.45%,塑性指数 I_P 为 16.31。

土的界限含水率主要是指土的液限和塑限,测定土的液限、塑限主要是为了对土进行工程分类。取 5 个不同土场的土样进行界限含水率试验,得到土样的液限、塑限、塑性指数试验结果见表 2-2。

界限含水率结果表　　　　　　　　　　表 2-2

序号	取土位置	取土深度(cm)	塑性指数 I_P	液限 w_L(%)	塑限 w_P(%)
1	PK48+550	70	24.0	36.30	12.26
2	PK51+400	70	23.4	35.90	12.50
3	PK56+595	70	19.6	39.90	20.34
4	PK54+050	70	22.0	36.00	14.00
5	PK58+805	70	20.2	39.80	19.64

从试验结果可以看出:5 个土场土样液限、塑限有一定差异,液限均小于 40%,塑性指数在 20 左右,为低液限土。

2.1.3　天然红土粒料压实特性研究

路基是道路的主要工程结构物,路基是路面结构的基础,坚固而稳定的路基为路面结构长期承受汽车荷载提供了重要保证。路基裸露在大气之中,其路用性能很大程度受到当地自然条件的影响,例如地理条件、地质条件、气候水温条件,同时还会受到人为因素的影响,如结构设计、施工方法和养护措施等。为了保证路基在环境和车辆荷载作用下不会产生严重的变形和破坏,就需要路基具有足够的强度和稳定性,路基必须予以充分压实,提高其密实度。路基的压实工作,是路基施工过程中一个重要工序,也是提高路基强度与稳定性的根本技术措施。

红土粒料路基压实过程中,当含水率过高时,施工成型困难,难以达到规定的压实度要求,压实功率过大会导致出现弹簧土现象,路堤填筑质量难以保证;当含水率过低时,红土粒料很坚硬,难以破碎,同样难以达到规定的压实度。因此,开展红土粒料的压实特性研究很有必要。

1) 土的压实原理及影响因素

使用振动压路机对路基进行碾压时,松散的路基填料将产生以下物理过程:①土粒间的摩擦力将减小,在振动力的作用下,填料将从静止状态过渡到运动状态,从而克服了土粒间的摩擦力;②路基填料将被压实,在外部荷载作用下,填料间的空气和水被挤出,颗粒进行重新排列组合,颗粒间相互挤紧镶嵌,有效应力增加,从而填料被压实;③填料间的大块土团将被压碎密实,在碾压荷载作用下,填料中大块土团将被压缩,致使填料的颗粒级配发生改变,更多的细粒料填充到粗粒料间隙中,从而路基填料被压实。这些物理过程产生的最终结果是路基被压实,强度、变形和渗透性得到明显改善。土是三相体,土粒为骨架,颗粒间的空隙为水分和气体所占据,压实使得土粒重新组合,彼此紧密,空隙减小,土的重度提高,形成密实整体,使土的内摩擦阻力和黏聚力不断增加,土的强度不断提高,土的塑性变形减小。同时,由于土粒的挤密,阻碍了水分进入的通道,从而降低了土的渗透性和毛细水的上升高度,增加了土的水稳定性。

施工中常用的压实方法有:滚动碾压、冲击压实、振动碾压等。

(1) 滚动碾压方法。

带有一定重量的滚轮以缓慢的速度碾过被压材料,使其产生永久变形的方法称为滚动碾压。滚动碾压是利用压路机自身重量使被压材料密实,强度提高,变形减小。滚动碾压在路基施工时有一定的局限性,因为随着静压力的增加,土颗粒间的摩擦力也在增加,颗粒间的摩擦力阻碍了颗粒间相互靠近、镶嵌密实。如果无限制地增加静压力,不但不能达到要求的压实效果,反而破坏了被压材料的结构。从实践中也发现,静压力会随着土层深度的增加急剧衰减,所以其压实作用主要集中于被压材料的表层。

(2) 冲击压实方法。

利用具有一定重量的夯锤从一定高度以自由下落的方式接触被压材料,这种碾压方法称为冲击压实。冲击压实主要利用瞬时冲击力产生的荷载使被压材料颗粒重新排列密实。冲击压实有效影响深度比较大,所以压实效果比静力压实效果好。冲击压实的特点是对材料所产生的应力变化速度很大,在冲击压实黏性土时有较好的压实效果。

(3) 振动碾压方法。

使用连续快速的振动力冲击被压实材料使其密实的方法称为振动压实。振动压实主要是利用往复荷载作用对土体产生压缩,使得土体内的水分和空气排出,同时被压材料也由初始的静止状态过渡到运动状态,被压材料之间的摩擦力减小,使得颗粒间的接触更加紧密。对于砂性土和含水率较高的亚黏土而言,振动产生的冲击波还可以使得土体发生液化,从而改变了填料内部黏聚力的状态,颗粒间会重新分布排列直到达到新的密实。对粗粒料而言,由于被压材料之间存在着许多空隙,在振动冲击的作用下,颗粒间的相对位置发生变化,产生填充现象,即较大颗粒形成的间隙由较小颗粒填充,使其密实。振动压实的特点是表面应力不大,加载频率大,作用时间短,可广泛用于黏性小的材料。

由上可知,不同压实方法的压实机理是不相同的,静力压实主要作用于面层,而动力压实则可提高压实深度,形成材料的"骨架-密实"结构。在工程中这两种压实方法可以起到相辅相成的作用。对于松铺填料,材料的强度很小,可以先用静力压实,为动力压实提供足够稳定的压实环境;而填料的真正密实过程则是由振动压实来完成,先用低频强振通过克服材料的抗剪切强度和颗粒间的黏聚力与吸附力进行压实,而后采用高频强振使材料在振动状态下内摩擦力有十分明显的下降,只要满足一定振动加速度要求,就完全可以达到后密实的效果;最后振动压实作用产生的松散表面可由静力压实作用完成。

影响压实效果的因素有外因和内因两方面,外因指压实功和压实方法,内因包括土质和含水率。对于同一种土,当压实功和压实方法不变时,压实效果主要受含水率的影响。在一定含水率下,土的干密度随着含水率的增大而提高,主要原因在于水起着润滑作用,土粒间阻力减小,在压实荷载作用下,孔隙减小,土粒被挤密,干密度得以提高,但干密度达到最大值后,继续增大含水率,土粒空隙被水分占据,而水一般不能被压缩,所以含水率增大,而干密度却降低了。通常在一定压实功下干密度达到的最大值,称为最大干密度,此时对应的含水率称为最佳含水率。

土质对压实效果的影响也很大,土质不同,即使在相同的压实功下,得到的最大干密度和最佳含水率也会不同。一般情况下,砂土的压实效果要优于黏性土。究其原因,是因为土粒越细,比表面积越大,土粒表面水膜所需的水分越多,再加上黏土中含有较多的亲水物质所致。

压实厚度对压实效果也具有明显的影响。当土质、含水率和压实功一定时,土层的密实度随着深度的增加而递减,表层5cm密实度最大。不同压实工具的有效压实深度也不同,因此,在实际施工过程中,压实厚度应通过现场试验确定。

压实功是除含水率外对压实效果影响的另一个重要因素。实践证明,同一种土的最大干密度随着压实功的增大而增加,最佳含水率随压实功的增大而减小。同一含水率下,压实功越大,土就越密实,故在工程中可以增大压实功,以提高路基的强度。但以增加压实功来提高土层的密实度有一定的限度,一旦超过这个限度,过大的压实功可能破坏土体结构,压实效果会适得其反。在高含水率下,过大的压实功可能会使土体出现"弹簧现象"。

综上所述,在路基施工过程中,适合的碾压含水率、有效的土层厚度和适当的压实功才可以保证路基压实的最佳效果。

2) 中国标准与法国标准关于压实试验的区别

公路领域常用的确定路基填料最佳含水率和最大干密度的方法是击实试验。击实试验就是模拟施工现场压实条件,采用锤击方法使土体密度增大,强度提高,沉降变小的一种试验方法,是研究土的压实性能的室内试验方法。土在击实作用下,如果含水率不同,所测得密度也不相同。击实试验的目的就是测定土样在规定击实次数下或某种压实功下的含水率与干密度之间的关系,从而确定路基填料的最大干密度和最佳含水率,为施工控制填土密度提供设计依据。目前各国使用的土的击实试验基本上可以分为两类:一类是轻型击实试验,另一类是重型击实试验。我国轻型和重型击实试验主要技术指标见表2-3。

我国击实试验主要技术指标　　　　　　　表2-3

试验方法	类别	锤底直径（cm）	锤质量（kg）	落高（cm）	试筒尺寸 内径（cm）	试筒尺寸 高（cm）	试样尺寸 高度（cm）	试样尺寸 体积（cm³）	层数	每层击数	击实功（kJ/cm³）	最大粒径（mm）
轻型	Ⅰ-1	5	2.5	30	10	12.7	12.7	997	3	27	598.2	20
轻型	Ⅰ-2	5	2.5	30	15.2	17	12	2177	3	59	598.2	40
重型	Ⅱ-1	5	4.5	45	10	12.7	12.7	997	5	27	2687.0	20
重型	Ⅱ-2	5	4.5	45	15.2	17	12	2177	3	98	2677.2	40

击实试验是在室内通过施加冲击荷载对被压材料进行压实，与现场的冲击压实过程比较一致；与现场振动压路机的作用过程不尽相同，振动压实是通过高频振动使材料产生"液化"来密实。即使动力压实和击实所做的功相同，由于两种方法的作用机理不同，形成的被压材料的结构不同，其最佳含水率和最大干密度也不同。

法国土工试验规程对击实试验方法做了详细说明，击实锤直径为50mm，锤重4.5kg，落锤高度45.7cm，击实层数为5层，每层击实数为56击，击实成型工具及击实分层示意如图2-7~图2-9所示。

图2-7　击实成型模具

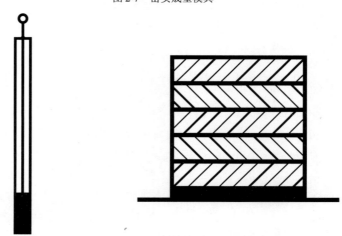

图2-8　击实锤图　　　　　　图2-9　击实分层示意图

3)标准击实试验

参照法国土工试验规程进行重型击实试验,由标准重型击实试验得到不同的含水率对应的干密度,将相应各点的含水率与干密度绘于直角坐标上,得到含水率与干密度关系曲线(图2-10),即击实曲线,峰值点即为最大干密度,最大干密度对应的含水率即为最佳含水率,击实过程如图2-11所示。

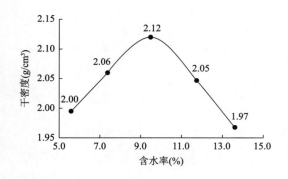

图2-10 含水率与干密度关系曲线(干法)

图2-11 击实过程

由图2-10可知,标准重型试验得出该土样的最大干密度为2.12g/cm³,最佳含水率为9.48%。

法国标准要求的土样击实数为14击、25击和56击,在14击、25击和56击下分别进行击实试验,以探究击实数与土样最大干密度的关系,如图2-12所示。

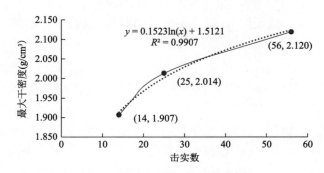

图2-12 击实数与最大干密度的关系曲线

由图2-12可知,随着击实数的增加,红土粒料最大干密度逐渐增加,且呈现对数增加,相关系数为0.9907,可见对数相关性十分显著。

重型击实试验得出土样的最大干密度和最佳含水率指标,以控制压实度为目的,对强度指标具有控制意义。取其他土场不同埋深的土样进行重型击实试验,试验结果见表2-4。埋深0.5m处土样的最大干密度平均值为2.06g/cm³,最佳含水率平均值为11.79%,埋深1.0m处土样的最大干密度平均值为1.94g/cm³,最佳含水率平均值为12.83%。

素土重型击实试验结果表　　　　表2-4

取样土场位置	取样深度 0.5m		取样深度 1.0m	
	最大干密度(g/cm³)	最佳含水率(%)	最大干密度(g/cm³)	最佳含水率(%)
PK4+400	2.03	11.52	2.03	11.47
PK6+800	2.04	11.58	1.88	13.79
PK7+000	2.07	11.63	1.88	13.92
PK10+500	2.06	11.69	1.99	12.55
PK14+100	2.12	12.53	1.93	12.44

2.1.4 天然红土粒料强度特性研究

1) CBR 试验

目前,法国标准对公路路基填料的强度控制指标主要是压实度、承载比等。本章通过室内试验对红土粒料的承载比进行了较系统的研究。承载比试验是由美国加利福尼亚州公路局首先提出来的,简称 CBR(California Bearing Ration 的缩写)试验。CBR 是用于评定路基土和路面材料强度的指标。在国外多采用 CBR 作为路面材料和路基土的设计参数。

路基在地表水和地下水的共同作用下,其强度会发生变化,特别是在旱季、雨季交替鲜明的地区,干湿循环作用条件显著,循环周期长,路基的强度和稳定性受干湿循环的影响较大,土的干湿循环周期长,使用红土粒料作为路基填料要保持足够的强度和稳定性,并且还应保证在最不利的季节环境条件下,强度不致显著降低,这就要求路基应具有一定的水稳定性。

CBR 试验要求对试样浸水,通过浸水的 CBR 试验可以反映路基土在最不利情况下的强度和路基土的长期稳定性。公路对路基填料的要求以及红土粒料的特殊性决定了必须对红土粒料的承载力和变形进行研究。

为了明确不同击实功作用下土样的承载能力和膨胀性,分别在最大干密度下对试样进行浸水膨胀试验和 CBR 试验。试验按照法国标准进行,其中 CBR 为 95% 压实度时的 CBR,可以根据 CBR 与不同击实数下的最大干密度曲线求出。试验方案及步骤如下:

(1)制备试样:采用击实成型,击实数分别设置为 14 击、25 击和 56 击。

(2)浸水膨胀试验:将成型好的试件放在多孔底板上,放上滤纸,在试件里加 4 块荷载板用拉杆将模具固定好。放在水槽内,安装百分表,记取初读数。向水槽放水,水面没过试件顶面 25mm,浸水 4d(对于水泥改良土养生方法为:3d 标准养生 +4d 浸水养生),浸水完毕后,读取百分表的终读数。

(3)贯入试验:将浸水完毕后的试件放到路面材料强度仪的升降台上,调整球座,使贯入杆与试件顶面全面接触,在贯入杆周围放置 4 块荷载板,先在贯入杆上施加 45kN 荷载,然后将各百分表读数调零,加荷使贯入杆以慢速压入试件,记录各百分表读数。

(4)试验结果计算:以单位压力 p 为横坐标,贯入量 l 为纵坐标,绘制 $p\text{-}l$ 关系曲线,如发现起始部分反弯,则应对曲线进行修正。一般采用贯入量为 2.5mm 时的单位压力与标准压力之比作为材料的承载比(CBR),同时计算贯入量为 5mm 时的承载比,计算公式如下:

$$\text{CBR} = p/7000 \times 100\% \quad (贯入量为 2.5\text{mm}) \quad (2\text{-}1)$$

$$\text{CBR} = p/10500 \times 100\% \quad (贯入量为 5\text{mm}) \quad (2\text{-}2)$$

根据规程,如果贯入量 5mm 时的 CBR 大于 2.5mm 时的 CBR,试验应重做;若结果仍然如此,则采用 5mm 时的 CBR。

(5)CBR 试验相关参数:测力环校正系数为 136.143N/0.01mm,贯入面积为 0.01815m²,试验所用仪器及加载过程如图 2-13~图 2-15 所示。

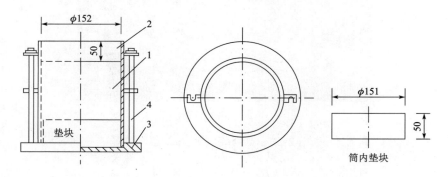

图 2-13 CBR 试验试筒示意图(尺寸单位:mm)
1-试筒;2-套环;3-夯击底板;4-拉杆

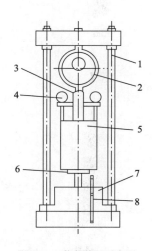

图 2-14 荷载装置示意图
1-框架;2-测力环;3-贯入杆;4-百分表;5-试件;6-升降台;
7-蜗轮蜗杆箱;8-摇把

图 2-15 CBR 加载过程

2) 红土粒料浸水膨胀性

进行 CBR 浸水试验时,分别对不同击实功下的土样浸水膨胀率进行研究,以模拟红土粒料路基在不同的压实功作用下的浸水膨胀性,浸水试验的含水率均为最佳含水率。CBR 试件浸水如图 2-16 所示。

图 2-16　CBR 试件浸水

浸水膨胀率的计算公式见式(2-3),试验结果如图 2-17 所示。

$$\delta_e = (H_1 - H_0)/H_0 \times 100\% \tag{2-3}$$

式中:δ_e——试件泡水后的膨胀率,计算至 0.1%;
　　　H_1——试件泡水终了的高度(mm);
　　　H_0——试件初始高度(mm)。

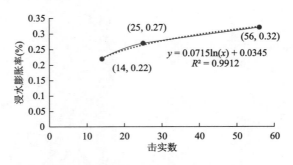

图 2-17　浸水膨胀率随击实次数的变化

由图 2-17 可知,随着击实次数的增加,红土粒料浸水膨胀率逐渐增加,浸水膨胀率与击实次数呈现对数相关性,相关系数达到 0.9912。由此可见,在相同的含水率条件下击实,击实次数即击实功越多,红土粒料的浸水膨胀率越大。说明在含水率一定的条件下,红土粒料路基压实功越大,路基浸水膨胀效应越明显。

3) 红土粒料承载特性

对不同击实功作用下的土样进行 CBR 试验,试验结束后试件表面如图 2-18 所示。

图 2-18　试验结束后试件表面

试验数据结果如图 2-19 所示。

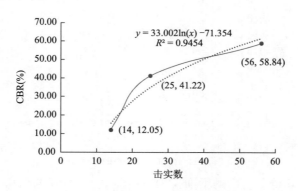

图 2-19　CBR 值随击实次数的变化

科特迪瓦北部路项目特殊技术条款(CCTP)规定,红土粒料 96h 浸泡后标准击实最大干密度 95% 时的 CBR 承载指数大于或等于 30% 时,才可以用于底基层。由图 2-19 可知,随着击实次数的增加,CBR 逐渐增加。标准击实次数为 56 击时,试样的 CBR 为 58.84%,满足 CCTP 对红土粒料用于路基和底基层的 CBR 值规定。当击实次数为 25 次时,试样 CBR 值即达到 41.22%,同样满足 CCTP 关于底基层对 CBR 的要求。

需要注意的是,法国标准体系下 CBR 最终确定值通过 95% 的压实度来确定。如本试验按照法国标准进行标准重型试验得出该土样的最大干密度为 2.12g/cm³,其 95% 压实度的 CBR 即为 95% 的最大干密度时的 CBR,将不同击实数(击实数为 14 击、25 击和 56 击)下干密度与对应击实数下的 CBR 作图,如图 2-20 所示。计算得到 95% 最大干密度为 2.014g/cm³,

在曲线上找出 2.014g/cm³ 对应的 CBR 即为 95% 压实度的 CBR,CBR 为 41%。因此,对于本试验 CBR 的最终判定值为 41%。CBR 随干密度的变化如图 2-21 所示。

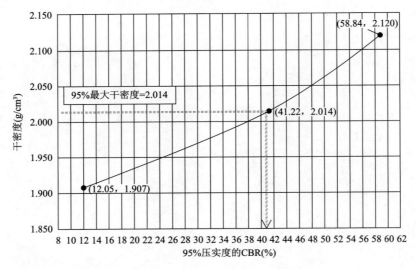

图 2-20　CBR 与干密度的对应值

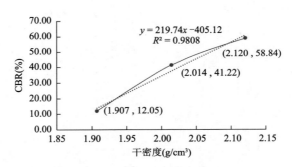

图 2-21　CBR 随干密度的变化

由图 2-21 可知,随着干密度的增加,CBR 逐渐增加。CBR 与干密度的线性关系为 $y = 219.74x - 405.12$,相关系数 $R^2 = 0.9808$,说明该土样的 CBR 与干密度表现出良好的相关性。

部分土场不同埋深的红土粒料试验数据总结见表 2-5。

表 2-5　部分土场不同埋深的土样试验数据

试料来源	取样深度 (m)	ρ_{dmax} (g/cm³)	w (%)	0.075mm 通过率 (%)	CBR (%)	I_P	w_L (%)	w_P (%)
PK51+400	0.7	1.98	12.1	18.8	18.8	23.4	35.90	12.50
PK51+400	1.2	1.98	12.2	18.1	19.0	24.4	37.10	12.69
PK48+550	0.7	2.00	12.4	19.1	18.8	24.0	36.30	12.26

续上表

试料来源	取样深度（m）	ρ_{dmax}（g/cm³）	w（%）	0.075mm 通过率（%）	CBR（%）	I_P	w_L（%）	w_P（%）
PK48+550	1.2	2.02	12.0	19.6	18.7	24.0	36.60	12.63
PK54+050	0.7	2.03	11.5	17.8	20.9	22.4	36.08	13.71
PK54+050	1.2	2.03	11.7	16.1	20.9	22.0	36.10	14.05
PK56+595	0.7	2.04	11.4	23.0	18.6	19.6	39.90	20.34
PK56+595	1.2	2.03	11.5	22.8	18.8	20.1	40.10	20.00
PK52+600	0~0.3	2.14	9.1	14.5	33	12	34	22
PK52+600	0.3~0.5	2.14	11.2	16.4	33	18	36	18
PK55+550	0.3~0.5	1.99	11.5	15.0	32	14	37	23
PK55+550	0.5~0.7	1.93	12.0	17.5	31	14	37	23

2.2 红土粒料路基填筑技术

2.2.1 一般规定

红土粒料路基施工应做好施工期临时排水总体规划和建设，临时排水设施应与永久性排水设施综合考虑，并与工程影响范围内的自然排水系统相协调。此外，应按照有关规定和要求，建立试验室。

路基施工前，应对路基基底土进行相关试验。每公里至少取 2 个点；土质变化大时，视具体情况增加取样点数。应及时对来源不同、性质不同的拟作为路堤填料的材料进行复查和取样试验。土的试验项目包括天然含水率、液限、塑限、标准击实试验、CBR 试验等，必要时应做颗粒分析、比重、有机质含量、易溶盐含量和膨胀量等试验。

应对路幅范围内、取土坑的原地面表层腐殖土、表土、草皮等进行清理，填方地段还应按设计要求整平压实。清出的表层土宜充分利用。

路基填料应符合下列规定：

(1) 含草皮、生活垃圾、树根、腐殖质的土严禁作为填料。

(2) 液限大于 50%、塑性指数大于 26、含水率不适宜直接压实的细粒土，不得直接作为路堤填料。需要使用时，必须采取技术措施进行处理，经检验满足设计要求后方可使用。

(3) 粉质土不宜直接填筑于路床，不得直接填筑于冰冻地区的路床及浸水部分的路堤。

2.2.2 路堤施工

1) 施工取土

(1) 路基填方取土，应根据设计要求，结合路基排水和当地土地规划、环境保护的要求进行,不得任意挖取。

(2)施工取土应不占或少占良田,尽量利用荒坡、荒地,取土深度应结合地下水、不同埋深处红土粒料的质量等因素综合考虑。

(3)自行选定取土方案时,应符合下列技术要求:

①地面横向坡度陡于1∶10时,取土坑应设在路堤上侧。

②桥头两侧不宜设置取土坑。

③取土坑与路基之间的距离,应满足路基边坡稳定的要求。取土坑与路基坡脚之间的护坡道应平整密实,表面设1%~2%向外倾斜的横坡。

④取土坑兼作排水沟时,其底面宜高出附近水域的常水位或与永久排水系统及桥涵出水口的高程相适应,纵坡不宜小于0.2%,平坦地段不宜小于0.1%。

⑤线外取土坑等与排水沟等蓄水(排洪)设施连接时,应采取防冲刷、防污染的措施。

2)红土粒料路堤

(1)地基表层处理应符合下列规定:

①原地面坑、洞、穴等,应在清除沉积物后,用合格填料分层回填分层压实,压实度应符合CCTP及项目监管计划的相关规定。

②泉眼或露头地下水,应按设计要求,采取有效导排措施后方可填筑路堤。

③地基为耕地、土质松散、软土、高液限土等时,应按设计要求进行处理,局部软弹的部分也应采取有效的处理措施。

④地下水位较高时,应按设计要求进行处理。

⑤陡坡地段、土石混合地基、填挖界面、高填方地基等都应按设计要求进行处理。

(2)路堤填筑应符合下列规定:

①性质不同的填料,应水平分层、分段填筑,分层压实。同一水平层路基的全宽应采用同一种填料,不得混合填筑。

②对潮湿或冻融敏感性小的填料应填筑在路基上层。强度较小的填料应填筑在下层。在有地下水的路段或临水路基范围内,宜填筑透水性好的填料。

③在透水性不好的压实层上填筑透水性较好的填料前,应在其表面设2%~4%的双向横坡,并采取相应的防水措施。不得在由透水性较好的填料所填筑的路堤边坡上覆盖透水性不好的填料。

④每种填料的松铺厚度应通过试验确定。

⑤每一填筑层压实后的宽度不得小于设计宽度。

⑥路堤填筑时,应从最低处起分层填筑,逐层压实;当原地面纵坡大于12%或横坡陡于1∶5时,应按设计要求挖台阶,或设置坡度向内并大于4%、宽度大于2m的台阶。

⑦填方分几个作业段施工时,接头部位如不能交替填筑,则先填路段,应按1∶1坡度分层留台阶;如能交替填筑,则应分层相互交替搭接,搭接长度不小于2m。

(3)选择施工机械时,应考虑工程特点、填料种类及数量、地形、填挖高度、运距、气候条件、工期等因素,经济合理地确定施工机械。填方压实应配备专用碾压机具。

3)高填方路堤

(1)高填方路堤填料宜优先采用强度高、水稳性好的材料,或采用轻质材料。受水淹、浸的部分,应采用水稳性和透水性均好的材料。

(2)基底处理应符合下列规定:

①基底承载力应满足设计要求。特殊地段或承载力不足的地基应按设计要求进行处理。

②覆盖层较浅的岩石地基,宜清除覆盖层。

(3)高填方路堤填筑应符合下列规定:

①施工中应按设计要求预留路堤高度与宽度,并进行动态监控。

②施工过程中宜进行沉降观测,并按照设计要求控制填筑速率。

③高填方路堤宜优先安排施工。

2.2.3 挖方路基施工

(1)土方开挖施工应符合下列规定:

①可作为路基填料的土方,应分类开挖分类使用。非适用材料应按设计要求或作为弃方处理。

②土方开挖应自上而下进行,不得乱挖超挖,严禁掏底开挖。

③开挖过程中,应采取措施保证边坡稳定。开挖至边坡线前,应预留一定宽度,预留的宽度应保证刷坡过程中设计边坡线外的土层不受扰动。

④路基开挖中,基于实际情况,如需修改设计边坡坡度、截水沟和边沟的位置及尺寸时,应及时按规定报批。边坡上稳定的孤石应保留。

⑤开挖至零填路基、路堑路床部分后,应尽快进行路床施工;如不能及时进行,宜在设计路床顶高程以上预留至少300mm厚的保护层。

⑥应采取临时排水措施,确保施工作业面不积水。

⑦挖方路基路床顶面高程,应考虑因压实而产生的下沉量,其值通过试验确定。

(2)边沟与截水沟应从下游向上游开挖。截水沟通过地面凹坑处时,应将凹坑处填平夯实。边沟及截水沟开挖后,应及时进行防渗处理,不得渗漏、积水和冲刷边坡及路基。

(3)挖方路基施工遇到地下水时应按下列规定处理:

①应采取排导措施,将水引入路基排水系统。不得随意堵塞泉眼。

②路床土含水率高或为含水层时,应采取换填、改良土质或设置渗沟、土工织物等处理措施,路床填料应符合相关要求。

(4)土质路基开挖应根据地面坡度、开挖断面、纵向长度及出土方向等因素,结合土方调配,选用安全、经济的开挖方案。

2.2.4 深挖路基施工

(1)施工前应理解设计的边坡防护方案,并编制详细的施工方案,获批准后实施。

(2)施工过程中,应根据开挖情况随时进行地质核查,并对边坡稳定性进行监测。如实际情况与设计不符,应会同设计单位等进行处理。

(3)应根据地形特征设置边坡控制点。

2.2.5 弃方处理

(1)施工前,应对设计提供的弃土方案进行现场核对。若有疑问,应及时处理。

(2)弃土不得占用耕地。

(3)沿河弃土不得影响排洪、通航,不得加剧河岸冲刷。不得向水库、湖泊、岩溶漏斗及暗河口处弃土。禁止在贴近桥墩台、涵洞口处弃土。

(4)沿线弃土堆设置应符合设计要求。设计无要求时应符合下列规定:

①弃土应相对集中堆放,并与周边环境相协调,严禁随意处理。

②弃土堆的几何尺寸、压实程度、位置应保证路基边坡和弃土堆自身的稳定。弃土堆的边坡不陡于1:1.5,顶面向外设不小于2%的横坡,其内侧高度不宜大于3m。

③在地面横坡陡于1:5的路段,不得在高于路堑边坡顶的山坡上方设弃土堆。

④在山坡上侧的弃土堆,应连续而不间断,并在弃土堆上侧设置截水沟。山坡下侧的弃土堆,应每隔50~100m设宽度不小于1m的缺口排水,排水主流方向不得对地面结构物及农田等造成不利影响,必要时可设人工沟渠导引排水。弃土堆坡脚应进行防护和加固。

(5)弃土应按设计要求进行压实。

(6)应按设计要求及时完成弃土场的防护、排水工程。

2.3 红土粒料路基试验段方案及结论

2.3.1 试验段工程概况

试验路段应选择在地质条件、断面形式等工程特点具有代表性的地段,路段长度不宜小于100m。路堤试验路段施工应包括以下内容:

(1)填料试验、检测报告等;

(2)压实工艺主要参数:机械组合、压实机械规格、松铺厚度、碾压遍数、碾压速度,最佳含水率及碾压时含水率允许偏差等;

(3)过程质量控制方法、指标;

(4)质量评价指标、标准;

(5)优化后的施工组织方案及工艺;

(6)原始记录、过程记录;

(7)对施工设计图的修改建议等。

本试验段施工范围:主线PK47+000~PK47+940区段,开始时间为2020年5月5日,结束时间为2020年6月28日。主要施工内容包括:清表施工、原地面处理(填方段)、土方开挖、基底处理(挖方段)、土方填筑。

2.3.2 试验段原材料

不同取土场不同埋深的红土粒料各项试验指标见表 2-6。

不同取土场不同埋深的红土粒料各项试验指标 表 2-6

取样土场位置	取样深度 0.5m							取样深度 1.0m						
	最大干密度 (g/cm³)	最佳含水率 (%)	液限 w_L (%)	塑限 w_P (%)	塑性指数 I_P	CBR (%)	0.075mm 通过率 (%)	有机质含量 (%)	最大干密度 (g/cm³)	最佳含水率 (%)	液限 w_L (%)	塑限 w_P (%)	塑性指数 I_P	CBR (%)	0.075mm 通过率 (%)	有机质含量 (%)
PK4+400	2.03	11.52	40.22	20.90	19.31	18.09	22.57	0.08	2.03	11.47	40.13	21.23	18.91	18.05	22.57	0.08
PK6+800	2.04	11.58	37.89	19.00	18.89	28.20	18.31	0.09	1.88	13.79	40.11	14.22	25.89	18.19	32.92	0.10
PK7+000	2.07	11.63	38.06	19.00	19.06	29.53	18.20	0.10	1.88	13.92	40.22	14.17	26.06	18.31	32.11	0.09
PK10+500	2.06	11.69	38.18	19.65	18.53	35.06	17.10	0.10	1.99	12.55	40.16	15.41	24.65	20.59	22.87	0.10
PK14+100	2.12	12.53	38.21	23.50	14.71	37.64	16.85	0.10	1.93	12.44	39.00	23.50	15.50	25.87	25.57	0.09

注：表头列数为16，不含取样土场位置列。

通过对不同取土场和不同取土深度的红土粒料进行基本试验研究发现，除 PK4+400 取土场外，其余取土场的红土粒料深度为 1.0m 处的指标与深度为 0.5m 处的各项指标关系为：最大干密度$_{(0.5)}$ > 最大干密度$_{(1.0)}$；液限$_{(0.5)}$ < 液限$_{(1.0)}$；塑限$_{(0.5)}$ > 塑限$_{(1.0)}$；塑性指数$_{(0.5)}$ < 塑性指数$_{(1.0)}$；CBR$_{(0.5)}$ > CBR$_{(1.0)}$；细颗粒含量(0.075mm 通过率)$_{(0.5)}$ < 细颗粒含量(0.075mm 通过率)$_{(1.0)}$。将 0.5m 和 1.0m 处的土的各项指标求取平均值后发现有相似规律，所以可以认为该范围的红土粒料干密度越大，CBR 越大，而细颗粒含量越大，CBR 越小。

设计文件要求红土粒料用于底基层时，要求有机质的质量百分比不得超过 0.5%，塑性指数 I_P 应小于 20；0.075mm 过筛百分比应小于或等于 20；浸泡 96h 后最大干密度 95% 时的 CBR 承载指数大于或等于 30%。同时满足以上要求的仅为 PK10+500 和 PK14+100 处埋深 0.5m 的土样，因此，为控制路面底基层的原材料指标，保证施工质量，红土粒料用于底基层填筑时应当慎重选择取土场位置和取土深度，增加土样检测频率。

红土粒料用于路基时，CCTP 对原材料的要求如下：

1) 红土粒料填方路基

用于填方路基的天然红土粒料应满足以下物理和力学指标要求：不得使用有机质含量大于 0.5% 的材料，液限大于 60% 的淤泥和高黏质细粒材料不能用于填方。用于填方路基的不同高度时，要求红土粒料满足以下条件：

（1）填方路基顶面以下30cm的填土，要求96h浸水CBR和95%最大干密度CBR指数大于或等于15%。

（2）填方路基顶面以下30~45cm的填土，要求96h浸水和95%最大干密度CBR指数大于或等于10%。

（3）填方路基顶面以下45~100cm的填土，要求96h浸水和95%最大干密度CBR指数大于或等于5%。

2）红土粒料基底挖方换填

（1）要求挖除原地面多余部分后露出基底处红土粒料的96h浸水和95%最大干密度CBR指数大于或等于15%。

（2）若基底处红土粒料的96h浸水和95%最大干密度CBR指数大于或等于10%而小于或等于15%，则要求最小换填厚度为30cm。

（3）若基底处红土粒料的96h浸水和95%最大干密度CBR指数大于或等于5%而小于或等于10%，则要求最小换填厚度为40cm。

（4）若基底处红土粒料的96h浸水和95%最大干密度CBR指数小于5%，则要求最小换填厚度为50cm。

根据各项指标来看，不同取土场、不同深度的红土粒料均满足用于路基填筑或基底换填的要求。

2.3.3 天然红土粒料路基试验段施工工艺

1）清表施工

本项目路基全线路段均需要清表，包含挖方段、弃方段和填方段。清表施工要求清除路基填筑范围内的所有地表腐殖土、树根、灌木、荒草等，清表厚度为20cm。

施工区段：PK47+000~PK47+940；

施工时间：2020年5月5日—2020年5月8日；

施工流程：施工准备→测量放样→清表→报验。

（1）施工准备。

施工前对现场运输道路进行规划，根据现场情况将主线PK47+000~PK47+940区段施工便道设在路基右侧，PK50+840~PK51+240区段施工便道设在路基两侧。

（2）测量放样。

施工前由测量人员提前对施工路段进行测量放桩，清表宽度为路基两侧坡脚线外1m范围内，中边桩要求每20m放置一道，且在木桩上面标记里程桩号和偏距，木桩外露高度不小于70cm。

（3）清表施工。

①利用推土机将清表范围内的腐殖土推至路基两侧，如图2-22所示。推土机施工时设专人看桩。

②利用平地机将两侧清表区域进行刮平,如图 2-23 所示。
③刮平完成后,人工将裸露在外的树根及荒草清除干净。

图 2-22　推土机清表　　　　　　　　图 2-23　刮平机清表

(4)报验。

清表完成(图 2-24)后,由测量人员恢复清表区域内的中边桩,中边桩要求同上,并提供中边桩偏距明细表。由技术人员向现场验收监理人员提出验收申请,并组织验收。

图 2-24　清表完成

(5)注意事项。

①路基全线路段均需要清表验收;

②一般路基清表厚度为 20cm,可根据现场实际情况进行厚度控制;

③既有道路不予清表;

④清除后的腐殖土不得堆放至便道或路基两侧,需将其运输并倾倒至现场验收监理人员与承包商共同确认的场所;

⑤紧密岩石质路段清表完成后,可直接进行基底验收,但需满足以下条件:

a. 该路段高程处于垫层底以下,即距道路中桩设计高程大于或等于 88cm;

b. 需将验收区段的松散土清除干净,由于既有路段高洼不平,对于刮平机无法刮平的路段需要人工将松散土进行清除或者利用压路机进行碾压,确保表面无松散土方。

2）原地面处理

原地面处理是将填方段旧路两侧区域进行压实，使其承载力和压实度达到设计要求。旧路区域不做处理。

施工区段：PK47+000～PK47+100，PK47+840～PK47+940；

施工时间：2020年5月5日—2020年5月14日；

施工流程：施工准备→测量放样→原地面翻松（捡树根）→基底压实→原地面土方回填/填筑→原地面碾压→报验。

（1）施工准备。

施工前需根据原地面取样检测结果，明确最佳含水率和最大干密度。并对现场原地面土质情况进行判断，对于不符合要求的土质，及时与现场验收监理人员确认，进行换填处理。

（2）测量放样。

①旧路界线：施工前由测量人员对施工区域内的旧路边线进行放样，并采集数据。旧路两侧边线为旧路路肩位置。

②中边桩放样：根据原地面高程，进行中边桩放样。边桩放样需每侧增加50cm，中边桩要求每20m放置一道，且在木桩上面标记里程桩号和偏距。

（3）原地面翻松（捡树根）。

首先利用平地机耙齿将旧路两侧土方耙松（图2-25），再进行土方翻松捡树根，翻拌时需将两侧土方利用平地机全部翻出（图2-26），露出基底（图2-27），翻拌深度一般为25cm。

图2-25　原地面耙松

图2-26　原地面土方翻松

图2-27　原地面基底

(4) 基底压实。

①基底压实前,需对基底土质进行初步判断。若底部土质为软基,则需要进行换填处理,换填深度大于或等于20cm。

②若基底土质符合要求,则利用平地机进行初步整平处理,再利用压路机进行碾压,压实度达到90%。

(5) 原地面土方回填/填筑。

①原地面土方在回填前,需对土的含水率进行初步判断。当含水率过大时,进行翻拌晾晒;当含水率过小时,则进行洒水翻拌。

②在土的含水率符合要求(大于最佳含水率1～2个百分点)时,利用平地机将外侧土方翻至基底,再进行整平。

(6) 原地面碾压。

碾压时按先两侧后中间,弯道处先内侧后外侧,先慢后快,先静压后振压的施工操作程序进行,组合方式为单钢轮静压1遍+单钢轮弱振2遍+单钢轮强振2遍+单钢轮静压1遍。碾压完成后表面无明显轮迹,目视平整结实。各区段交接处应相互重叠压实,纵向搭接长度不小于2.0m,碾压时轮迹重叠0.3m,横向接头时振动压路机重叠0.4～0.5m。做到无漏压、无死角,保证压实均匀。

(7) 报验。

①恢复中边桩:验收前由测量人员恢复区域内的中边桩,中边桩要求同上。

②重载/压实度验收:由技术人员向现场验收监理人员提出验收申请,并协同翻译填写"局部验收申请单"和"压实度验收单"。重载及压实度验收如图2-28、图2-29所示。

图2-28 重载验收

图2-29 压实度验收

注:本项目重载检验使用车辆为福田自卸车。重载检验时,车轮距边桩线50cm。

(8) 注意事项。

①根据现有施工情况,原地面土质问题较多,翻拌完成后直接进行碾压,无法满足重载验收要求。

②旧路区域路况较差,土质松散易碎,普遍存在薄层贴补现象。在处理旧路时尽量保证

旧路表面不受破坏,仅需人工将旧路表面的松散土方清除既可。若直接清除旧路表面松散土受限,则在两侧处理完成后,利用人工集中将旧路区域的松散土清除干净,再进行验收。旧路存在的问题如图 2-30 所示。旧路松散土清理如图 2-31 所示。

图 2-30　旧路存在的问题　　　　　　　图 2-31　旧路松散土清理

3) 土方开挖

挖方段为 PK47+100~PK47+840 段,开挖深度小于或等于 1m,属于浅挖地段,土质多为板结状硬质红土粒料,开挖较为困难。

施工时间:2020 年 5 月 21 日—2020 年 6 月 8 日;

施工流程:施工准备→测量放样→土方开挖装运→基底修整、碾压、成型→报验。

(1) 施工准备。

施工前须根据原地面土样检测结果,明确该挖方区段土质是否可利用。再根据现场施工进度情况确定将土方运至填筑区段或者弃土场。

(2) 测量放样。

路基挖方开始前放出路基中、边桩,并根据路基原地面设计高程、路基设计宽度及路基横断面图,确定开口线,放出路基的上口线,撒白灰做标记。

(3) 土方开挖装运。

土方开挖采用挖掘机配合自卸汽车进行。根据原地面设计高程,确定挖深,自上而下进行开挖。路堑开挖接近边坡碎落台设计高程时,及时进行边坡平台位置测放,严格控制边坡平台开挖高程,利用刮平机将平台刮出,刮出后再对平台位置进行测放,确定下一步的开挖位置。

(4) 基底修整、碾压、成型。

在路堑基底开挖接近垫层底时,先利用推土机或者装载机对基底进行粗平(图 2-32),再用刮平机对基底进行精平(图 2-33),最后利用压路机进行碾压成型。

(5) 报验。

①恢复中边桩:要求同上。

②重载/压实度验收:要求同上,若基底为硬质土方,则只进行重载验收。

图 2-32 挖方段基底整平（推土机）　　　图 2-33 挖方段基底整平（刮平机）

③测量验收：根据现场验收监理人员要求，垫层底需进行测量验收，由技术人员提前联系测量现场验收监理人员进行现场验收。验收时提前准备水准仪。

（6）注意事项。

本路基工程普遍存在低填浅挖路段，根据现场验收监理人员要求，若路基两侧原地面高于垫层顶部高程，则要求设置碎落台。若横断面图未设置碎落台则需要提前与现场验收监理人员进行沟通反馈，避免出现返工现象。

4）土方填筑

施工内容：一般填方及垫层土方填筑；

施工区段：PK47+000～PK47+940；

施工时间：2020年5月16日—2020年6月24日；

施工流程：施工流程图如图2-34所示。

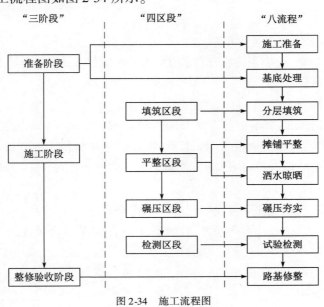

图 2-34 施工流程图

(1)施工准备。

土方填筑前,需要技术人员根据基底高程对要填筑的区域进行分层分段划分,确定本次需要填筑的区间和层厚。

(2)测量放桩。

根据基底高程放出路基中桩和坡脚边桩,边桩超宽50cm,木桩顶高程为本层填筑土方的虚铺高度。

(3)土方运输。

根据需要填筑的土方量,计算出自卸汽车的运输次数。然后安排挖掘机进行挖土装车,开挖时按照取土场设计取土深度进行开挖。自卸汽车运土至施工现场后,由专人指挥倒车,卸料前先用洒水车湿润表面。

(4)摊铺。

卸料完成后,推土机进行粗平,粗平时按照中边桩桩顶高度调节推土机推土的松铺厚度。土方卸料、摊铺如图2-35、图2-36所示。

图2-35　土方卸料

图2-36　土方摊铺

(5)整平。

推土机大体整平后,利用平地机进行整平,细平时安排专人看桩,确保桩顶高程与土方的填筑高度保持一致。

(6)捡树根。

根据现场施工情况,现场验收监理人员将捡树根视为一道专门的施工工序,要求在土方整平完成后,安排人工进行捡树根工作。其间,需要用平地机将土方整体翻松一遍。捡完之后需要告知现场验收监理人员,待现场验收监理人员同意后,进行下一步工序。土方翻松捡树根如图2-37所示。

(7)含水率控制/二次整平。

捡完树根后对土方进行含水率检测,控制填土的含水率符合设计的含水率。由于当地光照强烈、气温较高,考虑整平过程中水分流失,实际含水率应大于最佳含水率1~2个百分点。在含水率满足要求后,利用刮平机进行二次整平。整平时专人看桩,确保中边桩顶高程与土方的填筑高度保持一致。

图 2-37　土方翻松捡树根

注：含水率较大时利用刮平机进行翻拌晾晒，含水率较小时利用洒水车及刮平机进行洒水翻拌。翻拌时需要人工进行检查，确保粒料翻拌均为，外观均为松散状，不得有粘连和板结的情况，以免影响后续的重载验收。

（8）整平碾压。

碾压时按先两侧后中间，先慢后快，先静压后振压的施工操作程序进行。根据现场施工情况，采用单钢轮压路机先静压 1 遍 + 弱振 1 遍 + 强振 2 遍的组合方式，可满足现场压实度 95% 要求。碾压时各区段交接处应相互重叠压实，纵向搭接长度不小于 2.0m，碾压时轮迹重叠 0.4~0.5m，横向接头时振动压路机重叠 0.4~0.5m。平地机整平如图 2-38 所示，压路机碾压如图 2-39 所示。

图 2-38　平地机整平　　　　　　　　　图 2-39　压路机碾压

（9）自检/报验。

碾压完成后，进行自检。自检时先进行重载检验，若重载检验满足要求则进行压实度（95%）检验。检验合格后报现场验收监理人员进行验收。报验要求同上。

（10）注意事项。

现场取土场有多个取土点，若填筑土方涉及两个或者多个检测区域，需及时联系试验现场验收监理人员进行现场取样，避免检测不及时而影响现场验收。

5）典型施工中存在的主要问题

（1）路基碾压出现弹簧土。

形成原因：碾压时粒料的含水率超过最佳含水率较多，翻晒、拌和不均匀，碾压层下存在软弱层。

防治措施：高含水率的红土粒料应晾晒到高于最佳含水率1~2个百分点范围内方可碾压，并对产生弹簧现象的部位挖除换填合格的填料后重新碾压。

（2）路基填层局部出现干夹层。

形成原因：现场光照较强、气温较高，在进行长距离全断面的洒水翻拌时，耗时较长导致局部区域水分流失较多。

防治措施：根据现场天气情况进行施工，适当缩短翻拌区段长度，减少翻拌时间，减少水分的流失。

2.3.4　试验段典型碾压数据分析

1）压实度及碾压遍数

为了现场验证路基压实遍数、机具配置，对一般填方不同层位采用不同的碾压方案，并对施工完成的路基压实度进行检测。压实度现场检测如图2-40所示。各区段压实度检测记录表见表2-7。

图2-40　压实度现场检测

各区段压实度检测记录表　　　　表2-7

序号	填筑部位	压实度(%)		备注
1	PK47+000~PK47+100 一般填方第一层	97.8	98.35	静压1遍+弱振2遍+强振2遍
2	PK47+840~PK47+940 一般填方第一层	97.84	—	静压1遍+强振2遍
3	PK47+000~PK47+040 一般填方第二层	96.23	—	静压1遍+弱振2遍+强振2遍

续上表

序号	填筑部位	压实度(%)		备注
4	PK47+900~PK47+940 一般填方第二层	97.87	—	静压1遍+弱振2遍+强振2遍
5	PK47+100~PK47+300 一般填方第二层	98.58	95.75	静压1遍+弱振2遍+强振2遍
6	PK47+000~PK47+100 一般填方第三层	98.11	—	静压1遍+弱振2遍+强振2遍
7	PK47+300~PK47+400 一般填方第二层	98.58	—	静压1遍+弱振2遍+强振2遍
8	PK47+360~PK47+460 一般填方第二层	98.77	—	静压1遍+弱振2遍+强振2遍
9	PK50+840~PK51+040 一般填方第一层	96.63	97.12	静压2遍+弱振2遍+强振2遍
10	PK51+160~PK51+240 一般填方第二层	97.71	—	静压2遍+弱振2遍+强振2遍
11	PK51+160~PK51+240 一般填方第三层	98.05	—	静压2遍+弱振2遍+强振2遍
12	PK51+060~PK51+160 一般填方第二层	98.49	—	静压2遍+弱振2遍+强振2遍
13	PK50+840~PK51+040 一般填方第二层	96.63	97.12	静压2遍+弱振2遍+强振2遍
	压实度平均值	97.65		—

将现场碾压遍数与压实度进行线性分析,如图2-41所示。

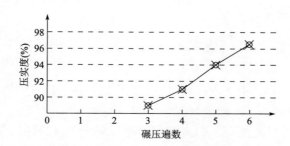

图2-41 压实度与碾压遍数关系曲线

图2-41为碾压6遍的关系曲线。分析可知,第3遍碾压后压实度为89.2%,第4遍碾压后压实度为91.4%,第5遍碾压后压实度为94.6%,第6遍碾压后压实度为96.5%。

2)松铺系数

(1)取土场松散方换算虚方系数。

PK47+840~PK47+940第3层土方填筑:

拉土方量:$25 \times 3 + 20 \times 10 + 25 \times 8 = 475 m^3$;

铺筑面积:$(5.2 + 0.88 \times 1.5 + 0.5) \times 2 \times 110 = 1544.4 m^2$;

铺筑/整平厚度:22.83cm(松铺平均值);

取土场松散方换算系数:$(475/1544.4 \times 100)/22.83 = 1.347$。

(2)松铺系数计算。

松铺厚度与松铺系数见表2-8。

松铺厚度与松铺系数　　　　　　　　　　　表 2-8

桩号	松铺厚度	压实厚度	压实系数
PK47+000	27.6	25	1.10
PK47+020	27.2	24.8	1.10
PK47+040	27.0	25.2	1.07
PK47+060	26.8	24	1.12
PK47+080	27.4	25.1	1.09
PK47+100	28.0	26.2	1.07
PK47+840	27.5	25.2	1.09
PK47+860	26.5	24.8	1.07
PK47+880	26.2	24.0	1.09
PK47+900	27.5	25.3	1.09
PK47+920	27.4	25.5	1.07
PK47+940	26.4	24.0	1.10

由表 2-8 可知,虚铺厚度 27cm 的平均松铺系数为 1.07。

2.3.5　试验段总结

通过试验段土方填筑的施工,依据现场检验结果,总结得出:

(1)松铺厚度为 27cm,松铺系数为 1.07。

(2)机械合理组合方式为:1 台挖掘机 +1 台压路机 +3 台自卸汽车 +1 台推土机 + 2 台平地机。

(3)碾压遍数:压路机速度在 3.2km/h 的情况下静压 1 遍,弱振 1 遍,强振 2 遍,压实度平均数值为 97.78%;压路机速度在 4.85km/h 的情况下静压 2 遍,弱振 2 遍,强振 2 遍,压实度平均数值为 97.39%。

(4)碾压速度:3km/h +0.3km/h 时碾压效果最佳。

(5)含水率:含水率控制在最佳含水率加 1~2 个百分点时,碾压效果最好。根据数据统计,现场 1 号改装水车洒水一趟含水率提高 0.8~1 个百分点。

2.4　本章小结

本章主要针对天然红土粒料用作高等级公路路基填料方面的物理、力学特性,土工试验特性进行了系统性研究,通过试验段总结了红土粒料填筑技术,主要得出以下结论:

(1)沿线红土粒料分类为黏土质砾,可记为 GC。从试验结果可以看出:不同取土场土样液限、塑限有一定差异,液限均小于 40%,塑性指数在 20 左右,为低液限土。在相同的含水率条件下击实,击实次数越多,红土粒料的浸水膨胀率越大。说明在含水率一定的条件下,红土粒料路基压实功越大,路基浸水膨胀效应越明显。天然红土粒料的 CBR 为法国标准体系下评价其强度和承载力的主要指标,范围在 10%~40%。

(2)对红土粒料路基施工过程中的要求进行了系统性的阐述,具体包括施工取土、弃土、一般填方、高填方、结构物回填以及半填半挖、挖方等路段施工原材料取样试验、施工工艺、不同工况下的处理措施等要求。

(3)通过试验段的铺筑,确定了"三阶段""四区段""八流程"的施工流程,并分析总结了红土粒料路基施工中遇到的典型问题和防治方法。确定了合理的路基土方松铺厚度与松铺系数,机械台班的合理组合方式,路基土含水率、碾压速度压实遍数等压实工艺流程和控制参数。通过试验段现场试验检测,认为试验段施工工艺方法可以满足路基施工验收要求。

第 3 章

红土粒料用作高等级公路路面结构层特性研究

路面作为公路直接承受车辆荷载作用的结构层,其工程质量和耐久性对公路的使用品质有着十分重要的影响。为了保证路面结构在设计使用年限内不发生过早破坏,路面结构设计时选择各结构层合理厚度及适宜的结构层材料显得尤为重要。路面各结构层厚度的设计以及材料参数的选取在考虑经济性的同时还应该考虑施工工艺、当地政策、后期养护以及结合工程所在地特殊的环境气候等多种因素。半刚性基层、底基层材料主要由集料与不同的胶结料组成,集料颗粒间骨架结构通过和不同胶结料的联结综合作用形成稳定材料。公路工程建设中一般通过在集料中添加相对少量的胶结料(水泥、石灰、粉煤灰等)形成半刚性材料,使其在最佳含水率状态下进行压实并采用合理的施工工艺层铺筑路面结构基层、底基层,这些半刚性材料通常能满足路面结构设计书要求且具有良好的路用性能。常见的材料主要包括水泥稳定碎石(沙砾)、石灰粉煤灰稳定碎石(沙砾)等。红土粒料作为工程性质良好、资源丰富的当地材料,若通过试验研究对其合理改良后用作路面的基层(底基层)材料,将有利于展示我国的技术实力,提高中国大型基础设施建设企业在海外工程建设市场中的竞争力。

西非国家经济、技术发展滞后,尚未形成自己的路面结构设计规范体系,而且由于历史原因,非洲大多数国家一直沿用法国技术标准进行道路等其他工程建设,科特迪瓦也不例外。目前,世界大多数国家设计路面结构选用半刚性基层材料。因为半刚性基层材料路面结构有两个显著的优点:①由于合理的路面结构基层能够起到分散车辆荷载和减小路面变形的作用,而大多数的半刚性基层材料都具有较大的强度,当被选用时具有较高的路面承载力,有利于分散车辆荷载,从而降低车辆荷载对沥青磨耗层及联结层(国内称之为沥青面层)的拉应力及土基表面的压应力影响,延长路面使用寿命。②通常半刚性材料基层的造价较低,经济性良好。查阅相关文献资料发现,法国标准中沥青路面设计为了使路面结构在设计使用年限内尽量减少破坏和损伤,大多数公路建设采用高模量沥青混凝土磨耗层及联结层+稳定粒料基层的路面结构形式。法国标准体系下的路面结构设计方法与我国的路面结构设计方法最大区别在于,相对于我国路面结构设计,法国路面结构设计中各结构层的厚度较薄但其各结构层材料模量较大,且选择路面基层、底基层材料时的试验规程稍有差别。

科特迪瓦奥迭内至马里边境公路工程按照法国标准规范体系建设,按《法国干线公路规范》中双向两车道标准实施;设计速度为100km/h,单车道宽为3.7m,路面设计使用年限为20年。项目区域位于北纬7°,属西非苏丹型热带草原气候,干燥炎热,区域内年平均气温26℃。道路沿线红土粒料资源丰富,覆盖面积广,开采较为方便。

3.1 改良红土粒料路用性能试验

参照西非地区高等级公路中其他红土粒料用作基层、底基层相关工程案例,对路面基层、底基层材料的要求见表3-1。

路面基层、底基层材料要求　　　　表3-1

类别	基层	底基层
0.075mm 过筛率	≤20%	≤20%
96h 浸泡后 CBR	≥160%	≥30%
塑限	≤20%	≤20%
液限	≤50%	≤60%
有机质含量	≤0.5%	≤0.5%
无侧限抗压强度	≥1.8MPa	≥1.2MPa
抗压回弹模量	≥1200MPa	≥500MPa

对照表3-1对路面基层、底基层材料要求及结合科特迪瓦红土粒料基本物理特性试验结果可以看出,科特迪瓦奥迭内至马里边境公路沿线丰富的红土粒料不适宜直接作为路面建设的基层、底基层材料。依据科特迪瓦奥迭内至马里边境公路工程实际项目研究,拟采用掺加不同配合比水泥、砂对红土粒料进行改良,并按照法国标准规范对改良红土粒料开展试验研究,得到符合要求的不同配合比的无机结合料掺量。再通过科特迪瓦改良红土粒料的路用性能试验得到相关的基本路用性能参数,进一步了解改良红土粒料路用性质以及其作为路面结构层材料的可行性。

拟选取不同水泥含量改良红土粒料,通过基本路用性能试验来测定不同配合比下改良红土粒料的抗压强度,来探讨改良红土粒料用于路面各结构层材料的可行性。

在天然红土粒料中掺加一定比例砂的目的是降低混合料塑性,改善拌合物的工作性能,同时降低开裂的可能性;但砂比例过大,则混合料塑性太低,不利于施工。从级配改良的角度,由于天然红土粒料普遍具有中值粒径缺失(0.5～2mm)的特点,根据筛分试验及相关计算结果,掺砂15%时能够达到级配改良的目的。

根据调研结果,设计过程中将红土粒料分为精选红土粒料(CBR>30%)及普通红土粒料(CBR<30%)两种。其中,只有精选红土粒料可用作路面结构层填料使用。基于此,分

别选取 PK7+880（精选红土粒料料场）、PK4+000（普通红土粒料料场）开展对比试验。相关材料基本特性如图 3-1~图 3-3 及表 3-2、表 3-3 所示。

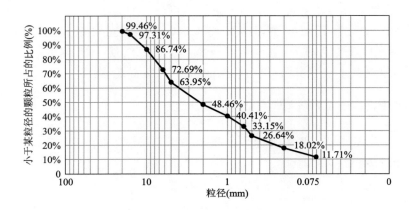

图 3-1　河砂级配曲线

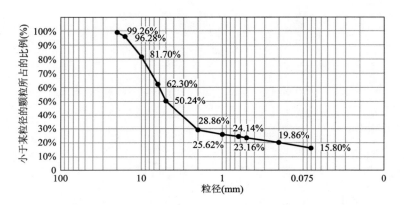

图 3-2　PK7+880 天然红土粒料级配曲线

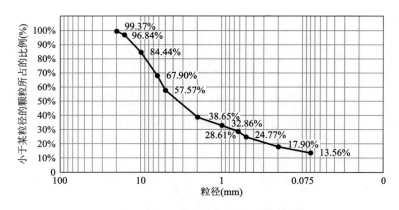

图 3-3　PK7+880 天然红土粒料+15% 砂级配曲线

红土粒料基本特性　　　　　　　　　　　　　表3-2

土样种类	液限(%)	塑限(%)	0.075mm 通过率(%)	最佳含水率(%)	最大干密度(g/cm³)	CBR(%)
PK4+000	50	28	23	16.3	1.79	25
PK7+880	44	20	15.8	12.3	2	35

掺加 CEM II/B-LL42.5 硅酸盐水泥基本参数　　　　　　表3-3

初凝时间(min)	终凝时间(min)	安定性	抗压强度28d(MPa)	氧化物含量(%)
144	195	合格	42.5	≤4.6

3.1.1 CBR 试验

CBR 试验是世界范围内普遍认可的一种典型评定路基路面材料承载能力的方法。为了明确不同击实功作用下土样的承载能力,分别在最大干密度、最佳含水率状态下对试样进行 CBR 试验。试验根据法国行业标准化局制定的法国规范进行。

由科特迪瓦改良红土粒料 CBR 试验数据整理后得到不同配合比下改良红土粒料 CBR 试验结果见表3-4、表3-5。

不同配合比下改良红土粒料 CBR(%)试验结果　　　　表3-4

土样种类	0%水泥	2%水泥	3%水泥	4%水泥	5%水泥
PK4+000	25	107	134	240	257
PK7+880	35	152	276	340	348

不同配合比改良红土粒料 CBR(%)试验结果(掺砂)　　　表3-5

土样种类	0%水泥+15%砂	2%水泥+15%砂	3%水泥+15%砂	4%水泥+15%砂	5%水泥+15%砂
PK4+000	31	96	165	249	290
PK7+880	43	163	281	367	380

由表3-1对路面基层、底基层材料要求可知,当 PK4+000 料场中普通红土粒料中只掺入15%砂或者2%及以上水泥时,能满足路面结构底基层材料的要求,当 PK4+000 料场中普通红土粒料加入15%砂+3%水泥或者4%及以上水泥时,其 CBR 值满足路面基层材料要求。

PK7+880 中精选红土粒料可以直接满足底基层使用要求,当精选红土粒料加入15%砂+2%水泥或者3%及以上水泥时,其 CBR 值满足路面基层材料要求。

红土粒料 CBR 值随着无机结合料的加入而增加。天然红土粒料中刚加入无机结合料时,对红土粒料的 CBR 值影响比较明显,随着无机结合料掺量继续增加时,CBR 值增幅减小。通过对比掺砂与不掺砂两种配合比条件下 CBR 数值,可以发现,进行级配改良后,由于砂的加入使得土样成型更加密实,CBR 数值更高。

3.1.2 无侧限抗压强度试验(7d)

无侧限抗压强度试验可得到试件在无侧向压力时抵抗轴向压力的极限强度。试验根据法国行业标准化局制定的规范进行。

试验步骤如下：

(1)选取 PK4+000、PK7+880 两个料场,取代表性试样风干碾碎过筛,将精选(天然)红土粒料+不同掺量水泥(0%、2%、3%、4%、5%)+15%砂的不同配合比的混合料加入圆柱形 $\phi152mm \times 120mm$ 试模中击实成型。

(2)土样压入试模后,稳定 30min 后方可脱模。

(3)试样脱模后进行养生 144h 后将其取出浸水,确保试样浸水期间水槽内水面在试样顶面以上 10mm 左右,在水中需要浸泡 24h 后进行试验。

试验过程如图 3-4 所示。

a)试样脱模

b)试件浸水

c)进行试验

d)试样破坏

图 3-4 改良红土粒料无侧限抗压强度试验过程

不同配合比下的改良红土粒料无侧限抗压强度试验结果见表3-6~表3-9。

PK7+880料场不同配合比改良红土粒料无侧限抗压强度试验结果　　表3-6

PK7+880/水泥掺量	0%	2%	3%	4%	5%
无侧限抗压强度(MPa)	0.925	1.444	1.568	2.460	2.711

PK7+880料场不同配合比改良红土粒料无侧限抗压强度试验结果(掺砂)　　表3-7

PK7+880/15%砂+水泥掺量	0%	2%	3%	4%	5%
无侧限抗压强度(MPa)	1.038	1.461	2.326	3.126	3.879

PK4+000料场不同配合比改良红土粒料无侧限抗压强度试验结果　　表3-8

PK4+000/水泥掺量	0%	2%	3%	4%	5%
无侧限抗压强度(MPa)	0.754	0.930	1.198	2.013	2.328

PK4+000料场不同配合比改良红土粒料无侧限抗压强度试验结果(掺砂)　　表3-9

PK4+000/15%砂+水泥掺量	0%	2%	3%	4%	5%
无侧限抗压强度(MPa)	0.970	1.213	1.728	2.561	3.311

不同配合比改良红土粒料无侧限抗压强度试验结果如图3-5~图3-8所示。

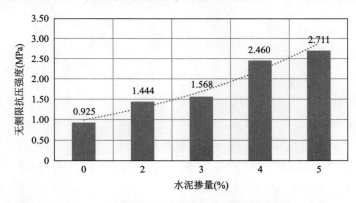

图3-5　PK7+880料场不同水泥掺量情况下无侧限抗压强度试验结果图

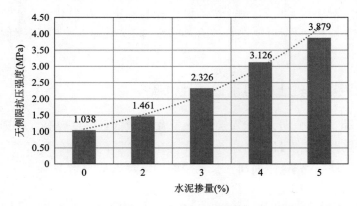

图3-6　PK7+880料场不同水泥掺量情况下无侧限抗压强度试验结果图(掺砂)

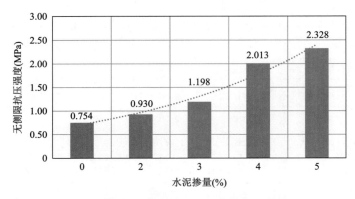

图 3-7　PK4+000 料场不同水泥掺量情况下无侧限抗压强度试验结果图

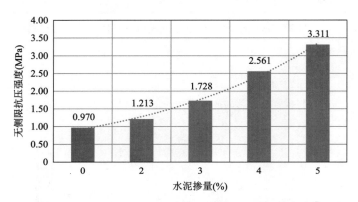

图 3-8　PK4+000 料场不同水泥掺量情况下无侧限抗压强度试验结果图(掺砂)

由图 3-5~图 3-8 并结合表 3-1 可知,对于 PK7+880 料场,4% 以上水泥掺量或者 3% 水泥+15% 砂以上掺量的改良红土粒料满足路面基层材料要求,2% 以上水泥掺量或者 2% 水泥+15% 砂以上掺量的改良红土粒料满足路面基层材料要求;对于 PK4+000 料场,4% 以上水泥掺量或者 4% 水泥+15% 砂以上掺量的改良红土粒料满足路面基层材料要求,4% 以上水泥掺量或者 2% 水泥+15% 砂以上掺量的改良红土粒料满足路面基层材料要求。通过不掺砂及掺砂两组对比试验可知,由于天然红土粒料的中值粒径缺失,掺入 15% 砂以后,能够有效改善红土粒料的工作性能,改良混合料级配,同等情况下成型的试件拥有更高的无侧限抗压强度。

3.1.3　水泥稳定红土粒料水理特性试验

西非地区旱季、雨季分明,旱季气候干燥,降雨量极低且温度较高。根据气象水文资料,西非地区旱季公路路表温度日均高达 60℃;而在雨季则降雨量集中,且西非地区以平坦地形为主,排水不畅,使得路基、路面面临长期浸泡的风险。基于此,制定了一个以无侧限抗压强度为评定指标的水泥稳定红土粒料水理特性试验。

水泥稳定红土粒料无侧限抗压强度试件成型方法同 3.1.2 节,成型后标准养生 28d。

分别在水槽及烘箱中进行干湿循环试验,每个循环浸水 24h,在烘箱中以 60℃烘烤 24h,而后取出在养生室静置 24h 后测量试样的无侧限抗压强度。本试验通过第一、三、五次浸水循环后试样的无侧限抗压强度变化情况来评定水泥稳定红土粒料的水理特性。

试验正式开始之前进行了两组相关性试验,用以验证试验方法的合理性。

(1)不同龄期条件下水泥稳定红土粒料无侧限抗压强度增长特性试验。

选取 PK7+880 料场精选红土粒料,选取 3% 水泥、3% 水泥 +15% 砂、4% 水泥、4% 水泥 +15% 砂四种配合比。在试件成型后的标准养生条件下,不同龄期条件下水泥稳定红土粒料无侧限抗压强度试验结果见表 3-10 及图 3-9~图 3-13。

不同配合比红土粒料无侧限抗压强度(MPa)　　　表 3-10

龄期	3%水泥+15%砂	4%水泥+15%砂	3%水泥	4%水泥
7d	2.316	3.143	1.544	2.481
14d	4.119	4.528	2.409	3.575
21d	4.192	4.918	2.629	3.628
28d	4.600	5.163	2.885	3.692

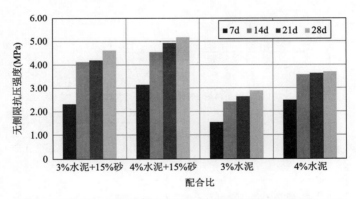

图 3-9　不同龄期条件下水泥稳定红土粒料无侧限抗压强度试验结果

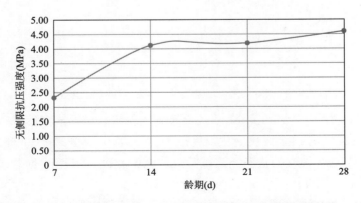

图 3-10　PK7+880 料场 3% 水泥 +15% 砂掺量下不同龄期试验结果

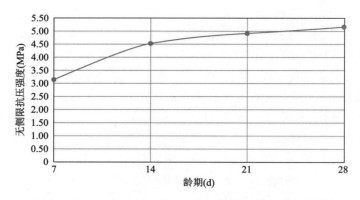

图 3-11　PK7+880 料场 4% 水泥 +15% 砂掺量下不同龄期试验结果

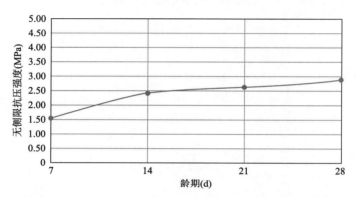

图 3-12　PK7+880 料场 3% 水泥掺量下不同龄期试验结果

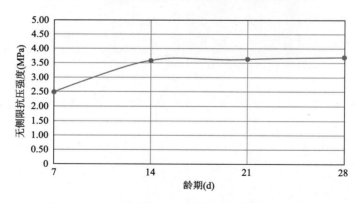

图 3-13　PK7+880 料场 4% 水泥掺量下不同龄期试验结果

由图 3-9～图 3-13 及表 3-10 可知，水泥稳定红土粒料在试件成型后，从 7～28d 强度一直处于增长状态，且 7～14d 的强度变化幅度最大，而后逐渐变缓，整体呈现出 0～14d 增长迅速，14～28d 增长较为缓慢的状态。该试验也从侧面验证了水理试验中选取 28d 成型试件作为基本试件的合理性。

（2）28d 龄期不同含水率条件下水泥稳定红土粒料无侧限抗压强度试验。

由于试件受干湿循环的影响，使得其含水率在不停地发生变化，为测试含水率对无侧限抗压强度试件的影响,且减小水理试验中的测试误差,特开展28d龄期不同含水率条件下水泥稳定红土粒料无侧限抗压强度试验。选取PK7+880料场精选红土粒料,掺入3%水泥。待28d试件养生成型后,在烘箱中(60℃)进行24h烘干,记录每个试件干质量后浸水24h取出,重新放入烘箱,分别于不同时刻将试件取出,称量、测量无侧限抗压强度,用以验证不同含水率对无侧限抗压强度的影响。试验结果见表3-11及图3-14。

28d龄期不同含水率条件下水泥稳定红土粒料无侧限抗压强度试验结果 表3-11

含水率	0 (干燥状态)	7% (最佳含水率)	12.7%	13.3%	15.6%	16.6% (饱和状态)
无侧限抗压强度 (MPa)	4.990	4.962	3.860	3.749	3.474	3.033

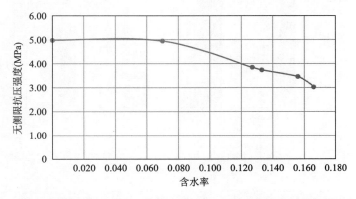

图3-14 28d龄期不同含水率条件下水泥稳定红土粒料无侧限抗压强度试验结果

由表3-11及图3-14可知,不同含水率条件下,同一批试件的测试结果差别较大,从干燥状态至饱和状态无侧限抗压强度试验结果数值逐渐减小,最大差接近1.5倍。当含水率位于干燥状态及最佳含水率之间时,无侧限抗压强度数值差别较小。因此,在水泥稳定红土试样后续进行水理特性试验时,干湿循环后,试样测试时含水率统一控制在最佳含水率附近,有效减少了试验误差。此外,干燥及饱和状态下,试验数值的较大差异也说明了实际运行过程中,当水泥稳定红土粒料基层、底基层在雨季长期受雨水浸泡后有较大的强度损失,这也是基层、底基层发生损坏的主要原因之一。

(3)基于28d龄期条件下的浸水循环试验。

分别选取PK7+880、PK4+000料场精选红土粒料,选取3%水泥、3%水泥+15%砂、4%水泥、4%水泥+15%砂四种配合比。无侧限抗压强度试验结果见表3-12、表3-13及图3-15、图3-16。

PK7+880料场不同配合比试样浸水循环无侧限抗压强度试验结果(MPa) 表3-12

浸水循环	不同配合比红土粒料			
	3%水泥+15%砂	4%水泥+15%砂	3%水泥	4%水泥
第一次浸水循环	4.967	5.422	2.713	3.579
第三次浸水循环	4.892	5.334	2.698	3.394
第五次浸水循环	4.717	5.157	2.531	3.364

PK4+000 料场不同配合比试样浸水循环无侧限抗压强度试验结果(MPa)　　表 3-13

浸水循环	不同配合比红土粒料			
	3%水泥+15%砂	4%水泥+15%砂	3%水泥	4%水泥
第一次浸水循环	4.197	4.462	2.473	3.226
第三次浸水循环	4.187	4.434	2.448	3.204
第五次浸水循环	4.162	4.404	2.428	3.154

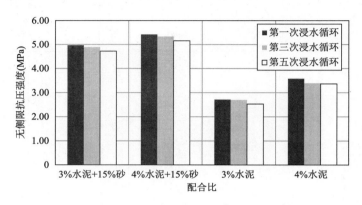

图 3-15　PK7+880 料场不同配合比试样浸水循环无侧限抗压强度试验结果

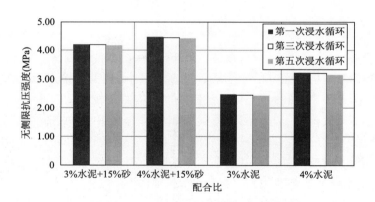

图 3-16　PK4+000 料场不同配合比试样浸水循环无侧限抗压强度试验结果

由表 3-12、表 3-13 及图 3-15、图 3-16 可知,不同次数浸水循环后,两个料场四种配合比条件下的水泥稳定红土粒料试件无侧限抗压强度有一定损失,但整体而言,损失较小,再加上实际运行过程中由于面层渗透系数较小,在不发生破碎、裂缝的情况下,行车道部位基层、底基层发生浸水的可能性相对较小,可以认为红土粒料具有较好的水理性能。

3.1.4　抗压回弹模量试验

半刚性基层路面设计的关键参数是材料的回弹模量值,改良红土粒料的抗压回弹模量值通过室内抗压回弹模量承载板法进行。

不同配合比改良红土粒料的抗压回弹模量试验步骤如下：

(1) 将代表性试样风干碾碎过筛，分别将不同配合比的水泥、砂掺入到红土粒料中，采用圆柱形 $\phi152\text{mm} \times 120\text{mm}$ 试件。

(2) 对改良土样养生90d，养生达到要求后将土样取出放入水中浸泡24h，再装入到杠杆式压力仪上。预定承载板上的单位压力为0.6MPa，将其分为6等份进行分级加载，施加第1级荷载，待荷载作用达1min后记录千分表读数。同时卸去荷载，让试件弹性变形恢复，到0.5min时记录千分表的读数。记录结果并进行施加第2级荷载，待荷载作用达1min后记录千分表读数。按此操作逐级加载，直至记录到第6级荷载下的回弹变形。

(3) 将步骤(2)记录的数据按照式(3-1)计算每一级荷载下的回弹变形 L。

$$L = 加载时平均读数 - 卸载时平均读数 \tag{3-1}$$

(4) 用回弹变形值 L 并结合式(3-2)计算试验中改良红土粒料的抗压回弹模量值。

$$E_c = \frac{\pi p d}{4L}(1 - \mu^2) \tag{3-2}$$

式中：E_c——抗压回弹模量值(MPa)；

p——单位压力(MPa)；

d——承载板直径(mm)；

L——相应单位压力 p 的回弹变形(mm)；

μ——泊松系数，可取0.25。

抗压回弹模量试验结果见表3-14。

不同配合比改良红土粒料抗压回弹模量试验结果(MPa) 表3-14

加载次数	不同配合比改良红土粒料			
	不掺加15%砂+3%水泥	掺加15%砂+3%水泥	不掺加15%砂+4%水泥	掺加15%砂+4%水泥
1	886	1056	1673	2040
2	842	1013	1591	1968
3	768	988	1406	1893
4	731	921	1319	1715
5	689	872	1230	1634
6	621	817	1135	1551

由表3-14结合表3-1可知，当天然红土粒料中掺入4%水泥+15%砂的改良红土粒料满足路面基层材料要求，掺入3%水泥+15%砂的改良红土粒料满足路面结构底基层材料要求。在相同的加载条件下，随着水泥、砂掺入量的增多改良红土粒料的抗压回弹模量值逐渐增大，随着加载次数的增加，相同掺入量下抗压回弹模量值线性减小，直至最终加载得到抗压回弹模量值。

3.2 红土粒料基层、底基层填筑技术

3.2.1 材料要求

1）水泥

宜采用强度等级32.5或者42.5的普通硅酸盐水泥、矿渣硅酸盐水泥和火山灰质硅酸盐水泥，初凝时间3h以上和终凝时间6h以上的水泥。不应使用快硬水泥、早强水泥以及已经受潮变质的水泥。

可以根据施工路段的长度，计算出需要的水泥用量。水泥应于施工前3d要求厂家运送至现场，进场以后，分别在施工路段两头进行存放，试验室按照频率对水泥取样，进行试验。确认合格以后，方可用于基层、底基层的施工。

2）红土粒料

应充分利用沿线红土粒料资源。土的物理性质指标见表3-15。

土的物理性质指标　　　　　表3-15

序号	检验项目	单位	标准要求（数值）
1	CBR（基层）	%	≥35
2	CBR（底基层）	%	≥30
3	最大干密度	g/cm³	—
4	最佳含水率	%	—
5	液限 w_l	%	—
6	塑限 w_p	%	—
7	塑性指数	—	<20
8	有机质含量	%	<0.5

3）水泥稳定红土粒料

水泥稳定红土粒料基层、底基层技术性能要求见表3-16。

水泥稳定红土粒料基层、底基层技术性能要求　　　　　表3-16

项目	CBR设计强度（%）	施工用水泥剂量（%）	
		最大	最小
底基层	≥120	3.0	2.0
基层	≥160	4.0	3.0

水泥稳定红土粒料基层、底基层配合比设计步骤：

①取工地使用的符合前述要求的水泥和符合要求的天然红土粒料，按不同水泥剂量

(按设计要求,分别选取 4~5 个剂量),用击实或者振动成型方法分别确定各剂量混合料的最佳含水率和最大干密度;②以不同水泥剂量,分别根据振动或击实试验法确定的最佳含水率和最大干密度,拌制水泥稳定红土粒料混合料,并按同样成型方法制备规定数量试件,在标准条件下养生 4d,浸水 3d 后取出,测定不同水泥剂量下混合料的 CBR 值;③水泥稳定红土粒料水泥剂量不得大于建议的最大水泥剂量;④根据符合强度要求的最佳配合比作为水泥稳定红土粒料的生产配合比,经监理人员审批后进行试验路段铺筑。

为减少基层、底基层裂缝,应做到两个限制:在满足设计强度的基础上限制水泥用量;根据施工时气候条件限制含水率。在规定的水泥剂量范围内,强度如达不到设计要求,应采取调整施工工艺和更换料源等措施,不得单纯采用提高水泥剂量的方式。设计水泥剂量如超出规定范围,必须报监理人员及业主审批;生产配合比进行调试时,应根据施工时的气候条件,通过试验确定混合料拌制用水量。现场水泥与红土粒料的混合料,每个生产日检测一次水泥剂量,水泥剂量和规定剂量相比,误差不能超过 0.5 个百分点。

基层和底基层工地试验室应按表 3-17 配备检测仪器。

基层和底基层工地试验室主要检测仪器配备标准　　　　表 3-17

检测室	仪器设备名称	数量	仪器规格		
			测量范围	分度值	准确度
集料室	电子天平	2 台	0~5kg	0.1g	0.1g
	标准筛	1 套	—	—	—
	烘干箱	2 台	0~300℃	1℃	1℃
	台秤	1 台	50kg	—	—
	路面材料强度试验仪	1 台	—		
水泥室	水泥净浆搅拌机	1 台	—		
	标准法维卡仪	1 台	—		
	雷氏夹膨胀测定仪	1 台	标尺最小刻度 0.5mm		
	胶砂搅拌机	1 台	—		
	水泥含量测试仪	1 套	—		
	水泥抗折抗压试验机	1 台	—		
养生室	养生室控制器	1 台	50℃	0.1℃	1℃
现场检测室	取芯机	1 台	功率不小于 4kW		
	灌砂仪	2 套			

3.2.2　路拌法施工

1)施工工艺流程

施工工艺流程及路拌法施工机具配置如图 3-17 及表 3-18 所示。

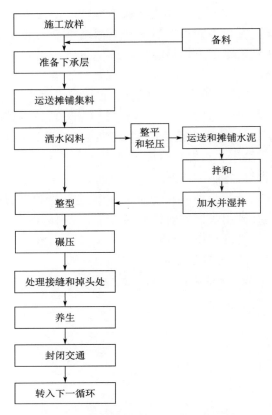

图 3-17 路拌法施工工艺流程图

路拌法施工机具配置表　　　　　　　　　　　　表 3-18

机械名称	规格或型号	能力或功率	配置数量
平地机	—	—	1 台
自卸汽车	—	—	4 台
压路机	—	—	2 台
路拌机	—	—	1 台
发电机	—	—	1 台
洒水车	—	—	1 台

2) 操作工艺

(1) 准备下承层。

①下承层表面应平整、坚实,具有规定的路拱。下承层平整度和压实度应符合检查验收规定。

②当水泥稳定红土粒料做基层时,要准备底基层;施工旧路面的加强层时,要准备旧路面;施工底基层时,要准备土基。所有准备工作均应达到相应的规定要求。

③对槽式断面的路段,两侧路肩上每隔一定距离(5～10m)交错开挖泄水沟(或做

盲沟)。

(2)施工放样。

①在底基层或旧路面或土基上恢复中线,直线段每 15~20m 设一桩,平曲线段每 10~15m 设一桩,并在两侧路肩边缘外设指示桩。

②在两侧指示桩上用明显标记标出水泥稳定红土粒料层边缘的设计高程。

(3)备料。

①利用旧路面或土基上部材料。

a. 首先清除干净旧路面上或土基表面的石块等杂物。

b. 每隔 10~20m 挖一小洞,使洞底高程与预定的水泥稳定红土粒料层的底面高程相同,并在洞底做一标记,以控制翻松及粉碎的深度。

c. 用犁、松土机或装有强固齿的平地机或推土机将旧路面或土基的上部翻松到预定的深度,土块应粉碎并符合要求。

d. 应经常用犁将土向路中心翻松,使预定处治层的边部成一个垂直面,防止处治层宽度超过规定。

e. 用专用机械粉碎黏性土。在无专用机械的情况下,也可以用旋转耕作机、圆盘耙粉碎塑性指数不大的土。

②利用料场的土(红土粒料)。

a. 采集土前,应先将树木、草皮和杂土清除干净。

b. 土中的超尺寸颗粒应予筛除。

c. 应在预定的深度范围内采集土,不应分层采集,不应将不合格的土采集一起。

d. 对于塑性指数大于 12 的黏性土,可视土质和机械性能确定土是否需要过筛。

e. 计算材料用量。根据各路段水泥稳定红土粒料层的宽度、厚度及预定的干密度,计算各路段需要的干燥土的数量。根据料场土的含水率和所用运料车辆的吨位,计算每车料的堆放距离。根据水泥稳定红土粒料层的厚度和预定的干密度及水泥剂量,计算每一平方米水泥稳定红土粒料需要的水泥用量,并确定水泥摆放的纵横间距。

f. 在预定堆料的下承层上,堆料前应先洒水,使其表面湿润,但不应过分潮湿而造成泥泞。堆料装车时,应控制每车料的数量基本相等。

g. 在同一料场供料的路段内,由远到近将料按上述计算距离卸置于下承层表面的中间或上侧。卸料距离应严格控制,避免有的路段料不够或过多。

h. 料堆每隔一定距离应留一缺口。

i. 土在下承层上的堆置时间不应过长。运送土时宜比摊铺土工序提前 1~2d。

j. 当路肩用料与稳定土层用料不同时,应采取培路肩措施,先将两侧路肩培好。路肩料层的压实厚度应与稳定土层的压实厚度相同。在路肩上,每隔 5~10m 应交错开挖临时泄水沟。

(4)摊铺土。

①应事先通过试验确定土的松铺系数。人工摊铺混合料时,其松铺系数可按表 3-19 选用。

混合料松铺系数参考表　　　　　表3-19

材料名称	松铺系数	备注
水泥稳定红土粒料	1.30～1.53	现场人工摊铺土和水泥,机械拌和,人工整平

②摊铺土应在摊铺水泥的前一天进行。摊铺长度按日进度的需要量控制,满足次日完成掺加水泥、拌和、碾压成型即可。雨季施工,如第二天有雨,不宜提前摊铺土。

③应将土均匀地摊铺在预定的宽度上,表面应力求平整,并有规定的路拱。

④摊料过程中,应将土块、超尺寸颗粒及其他杂物拣除。

⑤如土中有较多土块,应进行粉碎。

⑥检验松铺土层的厚度,应符合预计要求。

⑦除洒水车外,严禁其他车辆在土层上通行。

(5)洒水闷料。

①如已整平的土(含粉碎的旧路面)含水率过小,应在土层上洒水闷料。洒水应均匀,防止出现局部水分过多的现象。

②严禁洒水车在洒水段内停留和掉头。

③细粒土应经一夜闷料;中粒土和粗粒土,视其中细土含量的多少,可缩短闷料时间。

④如为综合稳定土,应先将石灰和土拌和后一起进行闷料。

(6)整平和轻压。

对人工摊铺的土层整平后,用6～8t两轮压路机碾压1～2遍,使其表面平整,并有一定的压实度。

(7)摆放和摊铺水泥。

①按工艺(3)计算出的每袋水泥的纵横间距,在土层上做安放标记。

②应将水泥当日直接送到摊铺路段,卸在做标记的地点,并检查有无遗漏和多余。运水泥的车应有防雨设备。

③用刮板将水泥均匀摊开,使每袋水泥的摊铺面积相等。水泥摊铺完后,表面应没有空白位置,也没有水泥过分集中的地点。

(8)拌和(干拌)。

采用专用稳定土拌和机进行拌和并设专人跟随拌和机,随时检查拌和深度并配合拌和机操作员调整拌和深度。拌和深度应达稳定层底并宜侵入下承层5～10mm,以利上下层黏结。严禁在拌和层底部留有素土夹层。通常应拌和两遍以上,在最后一遍拌和之前,必要时可先用多铧犁紧贴底面翻拌一遍。直接铺在土基上的拌和层也应避免素土夹层。在没有专用拌和机械的情况下,可用农用旋转耕作机与多铧犁或平地机相配合进行拌和,但应注意拌和效果,拌和时间不能过长。先用平地机或多铧犁(四铧犁或五铧犁)将铺好水泥的土翻拌两遍,使水泥分布到土中,但不应翻犁到底,防止水泥落到底部。第一遍由路中心开始,将混合料向中间翻,机械应慢速前进;第二遍相反,从两边开始,将混合料向外侧翻。然后用旋转耕作机拌和两遍,再用多铧犁或平地机将底部料翻起。随时检查调整翻犁的深度,使稳定土层全部翻透。严禁在稳定土层与下承层之间残留一层素土,也应防止翻犁过深或过多破坏下承层的表面,通常应翻犁两遍。接着,再用旋转耕作机拌和两遍,用多铧犁或平地机再翻犁两遍。此外,在没有专用拌和机械的情况下,也可以用缺口圆盘耙与多铧犁或平地机相配合,拌和水泥稳定红土粒料,但应注意拌和效果,拌和时间不可过长。用平地机或多铧犁在前面翻拌,用圆盘耙跟在后面拌和。圆盘耙的速度应尽量快,使水泥与土拌和均匀。应翻拌四遍,开始的两遍不应翻犁到底,以防水泥落到底部;后面的两遍应翻犁到底,随时检查调整翻犁的深度。

(9)洒水并湿拌。

①在拌和过程结束时,如果混合料的含水率不足,应用喷管式洒水车(普通洒水车不适宜用作路面施工)补充洒水。洒水车起洒处和另一端掉头处都应超出拌和段2m以上。洒水车不应在正进行拌和以及当天计划拌和的路段上掉头和停留,以防局部水量过大。

②洒水后,应再次进行拌和,使水分在混合料中分布均匀。拌和机械应紧跟在洒水车后面进行拌和,减少水分流失。

③洒水及拌和过程中,应及时检查混合料的含水率。含水率宜略大于最佳值。对于稳定粗粒土和中粒土,宜较最佳含水率大0.5~1.0个百分点;对于稳定细粒土,宜较最佳含水率大1~2个百分点。

④在洒水拌和过程中,应配合人工拣出超尺寸颗粒,消除粗细颗粒"窝"以及局部过分潮湿或过分干燥处。

⑤混合料拌和均匀后应色泽一致,没有灰条、灰团和花面,即无明显粗细集料离析现象,且水分合适和均匀。

(10)整型。

①混合料拌和均匀后,应立即用平地机初步整型。在直线段,平地机由两侧向路中心进行刮平;在平曲线段,平地机由内侧向外侧进行刮平。必要时,再返回刮一遍。

②用拖拉机、平地机或轮胎压路机立即在初平的路段上快速碾压一遍,以发现路段不平整处。

③用平地机进行整型,整型前应用齿耙将轮迹低洼处表层5cm以上耙松,然后再碾压一遍。

④对于局部低洼处,应用齿耙将其表层5cm以上耙松,并用新拌的混合料进行找平。

⑤用平地机整型一次。应将高出的料直接刮出路外,不应形成薄层贴补现象。

⑥每次整型都应达到规定的坡度和路拱,并应特别注意接缝必须顺适平整。

⑦当人工进行整型时,应用锹和耙先将混合料摊平,用路拱板进行初步整型。用拖拉机初压1~2遍后,根据实测的松铺系数,确定纵横断面的高程,并设置标记和挂线。利用锹耙按线整型,再用路拱板校正成型。如为水泥土,在拖拉机初压之后,可用重型框式路拱板(拖拉机牵引)进行整型。

⑧在整型过程中,严禁任何车辆通行,并保持无明显的粗细集料离析现象。

(11)碾压。

①根据路宽、压路机的轮宽和轮距的不同,制订碾压方案,应使各部分碾压到的次数尽量相同,路面的两侧应多压2~3遍。

②整型后,当混合料的含水率为最佳含水率(+1%~+2%)时,应立即用轻型压路机

并配合12t以上压路机在结构层全宽内进行碾压。直线和不设超高的平曲线段,由两侧路肩向路中心碾压时,应重叠1/2轮宽,后轮必须超过两段的接缝处,后轮压完路面全宽时,即为一遍。一般需碾压6~8遍。压路机的碾压速度,开始两遍速度宜为1.5~1.7km/h,之后宜为2.0~2.5km/h。采用人工摊铺和整型的稳定土层,宜先用拖拉机或6~8t两轮压路机或轮胎压路机碾压1~2遍,然后再用重型压路机碾压。

③严禁压路机在已完成的或正在碾压的路段上掉头或紧急制动,应保证稳定土层表面不受破坏。

④碾压过程中,水泥稳定红土粒料的表面应始终保持湿润,如水分蒸发过快,应及时补洒少量的水,但严禁洒大量水进行碾压。

⑤碾压过程中,如有"弹簧"、松散、起皮等现象,应及时翻开重新拌和(加适量的水泥)或用其他方法处理,使其达到质量要求。

⑥经过拌和、整型的水泥稳定红土粒料,宜在水泥初凝前和试验确定的延迟时间内完成碾压,并达到要求的密实度,同时没有明显的轮迹。

⑦在碾压结束之前,用平地机再终平一次,使其纵向顺适,路拱和超高符合设计要求。终平应仔细进行,必须将局部高出部分刮除并扫出路外;对于局部低洼之处,不再进行找补,可留待铺筑沥青面层时处理。

(12)接缝和掉头处的处理。

①同日施工的两工作段的衔接处,应采用搭接。前一段拌和整型后,留5~8m不进行碾压,后一段施工时,前段留下未压部分,应再加部分水泥重新拌和,并与后一段一起碾压。

②经过拌和、整型的水泥稳定红土粒料,应在试验确定的延迟时间内完成碾压。

③应注意每天最后一段末端缝(即工作缝)的处理。工作缝和掉头处可按下述方法处理:

a. 在已碾压完成的水泥稳定红土粒料层末端,沿稳定土挖一条横贯铺筑层全宽的宽约30cm的槽,直挖到下承层顶面。此槽应与路的中心线垂直,靠稳定土的一面应切成垂直面,并放两根与压实厚度等厚、长为全宽一半的方木紧贴其垂直面。

b. 用原挖出的素土回填槽内其余部分。

c. 如拌和机械或其他机械必须到已压成的水泥稳定红土粒料层上掉头,应采取措施保护掉头作业段。一般可在准备用于掉头的8~10m长的稳定土层上,先覆盖一张厚塑料布或油毡纸,然后铺上约10cm厚的土、砂或砂砾。

d. 第二天,邻接作业段拌和后,除去方木,用混合料回填。靠近方木未能拌和的一小段,应人工进行补充拌和。整平时,接缝处的水泥稳定红土粒料应较已完成断面高出约5cm,以利形成一个平顺的接缝。

e. 整平后,用平地机将塑料布上大部分土除去(注意勿刮破塑料布),然后人工除去余下的土,并收起塑料布。在新混合料碾压过程中,应将接缝修整平顺。

④纵缝的处理。水泥稳定红土粒料层的施工应避免纵向接缝,在必须分两幅施工时,纵缝必须垂直相接,不应斜接。

纵缝应按下述方法处理:

a. 前一幅施工时,在靠中央一侧用方木或钢模板做支撑,方木或钢模板的高度与稳定土层的压实厚度相同。

b. 混合料拌和结束后,靠近支撑木(或板)的一部分,应人工进行补充拌和,然后整型和碾压。

c. 养生结束后,在铺筑另一幅之前,拆除支撑木(或板)。

d. 第二幅混合料拌和结束后,靠近第一幅的部分,应人工进行补充拌和,然后进行整型和碾压。

(13)养生及交通管制。

①水泥稳定红土粒料底基层分层施工时,下层水泥稳定红土粒料碾压完后,在采用重型振动压路机碾压时,宜养生7d后铺筑上层水泥稳定红土粒料。在铺筑上层稳定红土粒料之前,应始终保持下层表面湿润。在铺筑上层稳定红土粒料时,宜在下层表面撒少量水泥或水泥浆。底基层养生7d后,方可铺筑基层。水泥稳定级配碎石(或砾石)基层分两层用摊铺机铺筑时,下层分段摊铺和碾压密实后,在不采用重型振动压路机碾压时,宜立即摊铺上层,否则在下层顶面应撒少量水泥或水泥浆。

②每一段碾压完成并经压实度检查合格后,应立即开始养生。

③宜采用湿砂进行养生,砂层厚宜为7~10cm。砂铺匀后,应立即洒水,并在整个养生期间保持砂的潮湿状态。不得用湿黏性土覆盖。养生结束后,必须将覆盖物清除干净。

④对于基层,可采用沥青乳液进行养生。沥青乳液的用量按$0.8~1.0kg/m^2$(指沥青用量)选用,宜分两次喷洒。第一次喷洒沥青含量约35%的慢裂沥青乳液,使其能稍透入基层表层。第二次喷洒浓度较大的沥青乳液。如不能避免施工车辆在养生层上通行,应在乳液分裂后撒布3~8mm的小碎(砾)石,做成下封层。

⑤无上述条件时,也可用洒水车经常洒水进行养生。每天洒水的次数应视气候而定。整个养生期间应始终保持稳定土层表面潮湿,并应注意表层情况,必要时,用两轮压路机压实。

⑥对于高速公路和一级公路,基层的养生期不宜少于7d。对于二级和二级以下的公路,如养生期少7d即铺筑沥青面层,则应限制重型车辆通行。

⑦对于二级和二级以下公路,如基层上为水泥混凝土面板,且面板是用小型机械施工的,则基层完成后可较早铺筑混凝土面层。

⑧在养生期间未采用覆盖措施的水泥稳定红土粒料层上,除洒水车外,应封闭交通。在采用覆盖措施的水泥稳定红土粒料层上,不能封闭交通时,应限制重车通行,其他车辆的速度不应超过30km/h。

⑨养生期结束后,如其上为沥青面层,应先清扫基层,并立即喷洒透层或黏层沥青。在喷洒透层或黏层沥青后,宜在上均匀撒布5~10mm的小碎(砾)石,用量约为全铺一层用量的60%~70%。

在清扫干净的基层上,也可先做下封层,以防止基层干缩开裂,同时保护基层免遭施工车辆破坏,宜在铺设下封层后的10~30d内开始铺筑沥青面层的底面层。如为水泥混凝土面层,不宜让基层长期暴晒,以免开裂。

注：如喷洒的透层沥青能透入基层，且运料车辆和面层混合料摊铺机在上行驶不会破坏沥青膜时，可以不撒小碎(砾)石。在撒小碎(砾)石的情况下，应尽早铺筑沥青面层的底面层。

⑩路缘处理。如水泥稳定红土粒料层上为薄沥青面层，基层每边应较面层宽20cm以上。在基层全宽上喷洒透层或黏层沥青或设下封层，沥青面层边缘向外侧做成三角形。如设置路缘石，必须注意防止路缘石阻滞路面上表面水和结构层中水的排出。

3.2.3 厂拌法施工

1) 施工工艺流程

施工工艺流程及厂拌法施工机具配置如图3-18及表3-20所示。

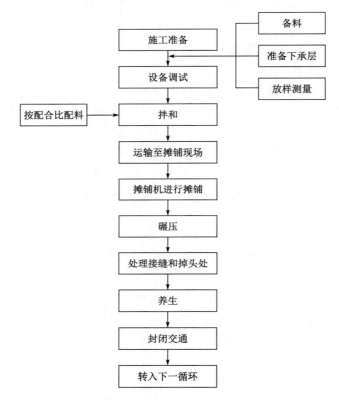

图3-18　厂拌法施工工艺流程

厂拌法施工机具配置表　　　　　表3-20

机械名称	规格或型号	能力或功率	配置数量
中心拌和站	—	—	1座
装载机	—	—	1台
自卸汽车	—	—	5台
压路机	—	—	2台

续上表

机械名称	规格或型号	能力或功率	配置数量
摊铺机	—	—	1台
发电机	—	—	1台
洒水车	—	—	1台

2）操作工艺

(1)水泥稳定红土粒料可以在中心站用厂拌设备进行集中拌和，集中拌和时，应符合下列要求：

①土块应粉碎，最大尺寸不得大于15mm。

②配料应准确，拌和应均匀。

③含水率宜略大于最佳值，使混合料运到现场摊铺后碾压时的含水率不小于最佳值。

④不同粒级的碎石或砾石以及细集料(如石屑和砂)应隔离，分别堆放。

(2)当采用连接式的厂拌设备拌和时，应保证集料的最大粒径和级配符合要求。

(3)在正式拌制混合料之前，必须先调试所用的设备，使混合料的颗粒组成和含水率达到规定的要求。原集料的颗粒组成发生变化时，应重新调试设备。

(4)在潮湿多雨地区或其他地区的雨季施工时，应采取措施，保护集料，特别是细集料(如石屑和砂等)应有覆盖，防止雨淋。

(5)应根据集料和混合料含水率的大小，及时调整加水量。

(6)应尽快将拌成的混合料运送到铺筑现场。车上的混合料应覆盖，减少水分损失。

(7)应采用沥青混凝土摊铺机或稳定土摊铺机摊铺混合料。如下承层是稳定细粒土，应先将下承层顶面拉毛，再摊铺混合料。

(8)拌和机与摊铺机的生产能力应互相匹配，摊铺机宜连续摊铺，拌和机的产量宜大于400t/h。如拌和机的生产能力较小，在用摊铺机摊铺混合料时，应采用最低速度摊铺，减少摊铺机停机待料的情况。

(9)在摊铺机后面应设专人消除粗细集料离析现象，特别应该铲除局部粗集料"窝"，并用新拌混合料填补。

(10)宜先用轻型两轮压路机跟在摊铺机后及时进行碾压，后用重型振动压路机、三轮压路机或轮胎压路机继续碾压密实。

(11)摊铺混合料按以下步骤：

①根据铺筑层的厚度和要求达到的压实干密度，计算每车混合料的摊铺面积。

②将混合料均匀地卸在路幅中央，路幅宽时，也可将混合料卸成两行。

③用平地机将混合料按松铺厚度摊铺均匀。

④设一个3~5人的小组，携带一辆装有新拌混合料的小车，跟在平地机后面，及时铲除粗集料"窝"和粗集料"带"，补以新拌的均匀混合料，或补撒拌均匀的细混合料，并与粗集料拌和均匀。

(12)用平地机摊铺混合料后的整型和碾压均与路拌法施工相同。

(13）集中厂拌法施工时的横向接缝应符合下列要求：

①用摊铺机摊铺混合料时，不宜中断，如因故中断时间超过2h，应设置横向接缝，摊铺机应驶离混合料末端。

②人工将末端含水率合适的混合料摆放整齐，紧靠混合料放两根方木，方木的高度应与混合料的压实厚度相同，整平紧靠方木的混合料。

③方木的另一侧用砂砾或碎石回填约3m长，其高度应高出方木几厘米。

④将混合料碾压密实。

⑤在重新开始摊铺混合料之前，将砂砾或碎石和方木除去，并将下承层顶面清扫干净。

⑥摊铺机返回到已压实层的末端，重新开始摊铺混合料。

⑦如摊铺中断后，未按上述方法处理横向接缝，而中断时间已超过2h，则应将摊铺机附近及其下面未经压实的混合料铲除，并将已碾压密实且高程和平整度符合要求的末端挖成与路中心线垂直并向下的断面，然后再摊铺新的混合料。

(14）应避免纵向接缝。基层应分两幅摊铺，宜采用两台摊铺机一前一后相隔5～10m同步向前摊铺混合料，并一起进行碾压。

在不能避免纵向接缝的情况下，纵缝必须垂直相接，严禁斜接，并符合下列规定：

①在前一幅摊铺时，在靠中央的一侧用方木或钢模板做支撑，方木或钢模板的高度应与稳定土层的压实厚度相同。

②养生结束后，在摊铺另一幅之前，拆除支撑木（或板）。

(15）用平地机摊铺混合料时，横向接缝和纵向接缝的处理方法同路拌法施工。

(16）养生与交通管制同路拌法施工。

3.2.4 质量管理及检查验收

1）一般规定

(1）基层（底基层）水泥剂量的测定用料应在拌和楼拌和后取样，并立即（一般小于10min）送到工地试验室进行滴定试验。

(2）水泥用量每天应进行总量控制检测。记录每天的实际水泥用量、碎石用量和实际工程量，对比计算水泥剂量的一致性。

(3）基层（底基层）的质量应满足设计文件要求。要注重对基层（底基层）表面裂缝的检查，掌握裂缝的位置、数量和长度，并按要求进行处理。

2）铺筑试验段

(1）基层、底基层正式开工之前，应先进行试验路段施工。

(2）试验段应选择在经验收合格的路基（底基层）上进行，其长度为300～600m，采用拌和楼拌和，两台摊铺机梯队摊铺，一次碾压密实。拌和、摊铺、碾压各道工序的要求按上述要求和设计文件进行。

(3）试验段质量检验标准按监理工程师要求和设计文件执行，检验频率应是标准中正常施工时的 2~3 倍。

(4)试验段铺筑应由有关各方共同参加,及时商定有关事项,明确试验结论。

(5)试验段铺筑主要内容包括:①验证用于施工的混合料配合比;②确定铺筑的松铺厚度和松铺系数;③确定标准施工方法;④确定每一碾压作业段的合适长度;⑤严密组织拌和、运输、碾压等工艺流程,缩短拌和到碾压完成时间;⑥质量检验内容、检验频率及检验方法;⑦试铺路面质量检验结果。

(6)当使用的原材料和混合料、施工机械、施工方法及试验路段各检验项目的检测结果都符合规定时,可按以上内容编写试验路段总结报告。试验路段总结报告中应明确混合料试件 7d CBR 强度的上下限和水泥用量的上下限,经监理工程师审批后即可作为申报正式路面施工开工的依据。试验路段总结报告经批准后,混合料级配、水泥剂量不得进行改变,因特殊原因要调整时,应重新进行混合料组成设计和试验路段验证,并报经监理工程师审批。

3)质量管理

(1)基层(底基层)必须在得到开工令后方可开工。

(2)施工单位在施工过程中应随时对施工质量进行自检。监理工程师应按规定要求自主地进行试验,并对施工单位的试验结果进行认定,如评定质量、计算合格率。当发现有质量低劣等异常情况时,应立即追加检查。施工过程中无论是否已经返工补救,所有数据均必须如实记录,不得丢弃。

4)质量控制

(1)用推土机将土层表面腐殖土、草皮、树根清除干净。在采集土源的过程中,在预定土场深度范围内自上而下不分层开采。避免不合格的土料推入选料堆中。采集如发现土料有明显变化,则及时将有代表性的样品送试验室按规定进行各项试验。

(2)严格按技术规范标准和监理程序选择天然红土粒料内掺水泥原材料,做好混合料配合比设计。

(3)严格执行合同规范和监理程序,做到前道工序未经检查认可,后道工序不准施工。施工过程中,严格按施工质量检查验收标准进行自检。

(4)开工前在技术规范规定的时间内,对计划用于本工程的材料、配合比、松铺系数、最佳含水率、水泥稳定红土粒料拌和机、压实设备和施工工艺进行试验,取得满足规范要求并经监理工程师批准的试验数据。对施工处进行技术交底并请监理工程师参加,以指导施工。

(5)如遇阴雨天气时,停止施工。

(6)严格按技术规范要求施工,做到其配合比、灰剂量、压实度、高程、宽度、平整度、强度均达到规范规定的标准。

(7)施工过程中严格控制混合料的含水率,特别是素土含水率。

(8)水泥稳定红土粒料在拌和机进行拌和时,严格控制拌和深度,拌和深度要达到水泥稳定红土粒料层底,不得留有"素土"夹层。严格控制深度,应大于水泥稳定红土粒料层厚1~2cm,以保证与下层的连接质量。

(9) 严格控制各材料松铺厚度,以保证材料的均匀性,充分碾压,不采用薄层贴补的办法进行找平。摊铺时,按"宁高勿低"的原则处理;最后整平时,按"宁刮勿补"的原则处理。

(10) 在整型过程中,严禁任何车辆通行。

(11) 经过拌和、整型的水泥稳定红土粒料,在水泥初凝前和试验确定的延迟时间内完成碾压。

(12) 任何压路机不得在已完成的或正在碾压的路段上掉头或紧急制动,以避免破坏该层表面。碾压过程中如发生"弹簧"、松散起皮等现象,及时换新材料或重新拌和。

(13) 严格控制水泥稳定红土粒料表面平整度,碾压最后用轮胎压路机静压一遍收光。碾压完毕后,及时检测压实度,根据检测结果决定压实遍数,以确保压实度达到规范要求。

(14) 养生期15d完后安排进行下一层的施工。

(15) 在养生期间内,封闭交通,禁止任何车辆通行。

(16) 施工段落单幅应该控制在200m以内,双幅控制在100m以内。

(17) 施工过程中要注意各种数据的收集、整理,为正式开工提供依据。

(18) 施工时,要注意各工序间的时间安排,以达到合理化施工的目的。

5) 检查验收

(1) 基本要求。

集料性能要求水泥剂量、质量符合设计和规范要求;混合料拌和均匀,无粗细颗粒离析现象。养生符合规范要求,高程、平整度符合要求。板结性好,钻芯取样检查,芯样完整,级配均匀且无较大的空洞,且底基层、下基层、上基层三层的芯样应连接成一个整体。

(2) 实测项目。

水泥稳定碎石底基层、基层的允许偏差及检验方法见表3-21(表中规定频率为验收时取样和试验的最低频率)。

水泥稳定碎石底基层、基层实测项目   表3-21

项次	检查项目		规定值或允许偏差		检查方法和频率
			底基层	基层	
1	压实度(%)	代表值	≥96	≥98	每200m每车道2处
		极值	92	94	
2	平整度(mm)		12	8	3m直尺:每200m测2处×10尺
3	纵断高程(mm)		+5,-15	+5,-10	水准仪:每200m测4断面
4	宽度(mm)		不小于设计值	不小于设计值	尺量:每200m测4处
5	厚度(mm)	代表值	-10	-8	每200m每车道1点
		极值	-25	-15	
6	横坡(%)		±0.3	±0.3	水准仪:每200m测4点
7	强度(CBR)(%)		符合设计要求		每次施工段落检测
8	钻芯取样		完整均匀及上基层、下基层、底基层连续的芯样		每个车道500m钻芯一个

(3) 外观鉴定。
①表面平整密实、无坑洼、无明显离析、边线整齐、无松散、软弹现象。
②施工接头平顺。

6) 不合格工程处理

(1) 水泥稳定红土粒料基层、底基层存在水泥剂量不够、碾压完成之前超过延迟时间导致板结不良、厚度不够、试件强度不够或钻芯取不出完整芯样等问题,均应清除重铺。

(2) 水泥稳定红土粒料基层、底基层的顶面高程偏差、平整度、宽度、厚度等应严格符合表3-21的要求,对不符合表3-21要求的底基层与下基层,应报监理工程师批准,采取监理工程师批准的方法进行局部处理。

上基层的高程偏差应严格控制在 -10～5mm,禁止上基层高程偏差超过5mm。若出现上基层高程偏差超过5mm的,应采取精整机将超高部分铣削至低于5mm,并保证基层的厚度在容许偏差范围内,以及不破坏基层结构,否则应清除重铺。基层平整度超过8mm,也应采用精整机铣削表面并保证基层的厚度在容许偏差范围内,以及不破坏基层结构,否则应清除重铺。

(3) 对水泥稳定红土粒料基层、底基层的局部损坏进行修补时,应清除全厚的损坏部分底基层、基层,并用相同的、合格的材料进行修补,严禁采用不同的材料或表面粘贴薄层的修补方法。对修补部位,应进行充分的压实,压实度应达到规范的要求,并进行不少于7d的覆盖保湿养生,养生期间必须进行交通管制。

3.2.5 安全措施

(1) 施工现场全体人员严格执行现行《公路工程施工安全技术规程》(JTG F90)、《建筑安装工程安全技术规定》及《建筑安装工人安全技术操作规程》。制定安全规章制度,做好安全技术交底,并得到落实。

(2) 机械司机、电工等工种,按《特种作业人员安全技术培训考核管理规定》,经过技术培训,考试合格,发给操作证后方可单独作业。严禁无证操作。

(3) 配备专职医务人员和常用的救急药品,对施工中出现的伤害能立即处理。

(4) 压路机作业时必须保证其前后左右无障碍物和人员时才能启动,靠近路堤边缘时,根据路堤高度留有必要的安全距离。下坡时严禁脱挡滑行。两台以上压路机同时作业时,前后间距不得小于3m。

(5) 需夜间施工时,施工现场应有足够的照明设备,消除死角。

(6) 高温作业时,及时做好防暑除湿措施。

(7) 定期进行安全生产教育,重点对专职安全员、班组长以及从事特种作业的工人进行培训和考核。

(8) 推土机等坡道行驶时,要低挡前进并不得换挡,也不准空挡滑行。横向行驶坡度不得超过10°。两台以上设备在同一现场作业时,前后距离不得小于8m,左右距离不得小于1.5m。

3.2.6 环保措施

(1)对出入县乡及县乡以上等级公路的运输车辆进行清洗,以保证道路清洁。并加盖帆布,防止洒落,如有发生及时派人清扫干净。

(2)按施工方案要求堆放水泥等原材料。施工材料在运送时设置挡板,做到不丢不洒。

(3)对废油、废水、废渣按指定地点排放,以避免污染空气和水源。不任意损坏农田和水利建设及交通设施,重视人民群众利益,与当地政府搞好关系。

(4)施工便道注意经常洒水保养,防止尘土飞扬,污染环境。

(5)当天施工完后各种施工机械车辆按指定的停车场地停放整齐。

(6)注意做好职工生活卫生,美化生活环境。

(7)保护生态。施工中注意保护自然生态,不得随意拆堵水利设施,保护好河道、沟渠,不污染水源,取土尽量不要利用耕地,保护土地资源。

3.2.7 资源节约

(1)充分利用沿线红土粒料。充分利用沿线储量丰富的红土粒料资源,避免大量挖掘和弃土,节约土地资源,同时减少地表破坏,有利水土保持。

(2)工艺成熟,施工机械使用常用的型号。本施工技术工艺成熟,所用施工机械为常用型号,目前国内市场上均有生产,降低了设备引进,降低了施工成本。

3.2.8 效益分析

(1)经济效益。水泥稳定红土粒料基层、底基层作为路面底基层结构形式,充分利用当地现有红土粒料资源,一定程度上减少碎石、河砂等资源消耗,减少占用耕地,就地取材,降低造价。

(2)社会效益和环境效益。因地制宜取用,减少了土地占用,防止石材过度开采,保护了生态,缩短了工期。

3.2.9 应用实例

阿比让至大巴萨姆高速公路项目位于科特迪瓦的南部,为海拔50m以下的沿海潟湖平原区。本项目位于沿海的沙丘带上,地势沿阿比让至大巴萨姆逐渐降低。沿线地形平坦,高程介于4~8.5m。该项目基层、底基层材料分别采用4%和3%水泥稳定红土粒料,土源来自附近料场。从2013年开始采用厂拌法进行水泥稳定红土粒料施工,2019年施工完成,该填筑技术在本工程中成功应用,弯沉、压实度、钻芯取样检测合格,工程取得圆满成功,得到业主和监理工程师好评。

3.3 本章小结

本章主要通过 CBR、无侧限抗压强度、浸水循环试验、回弹模量等室内试验对不同水泥及砂掺量下的改良红土粒料用作高等级公路路面结构层材料的适用性进行研究,并结合当地具体条件,针对性地提出了相应的施工工法,主要结论如下:

(1) 天然红土粒料中加入水泥改良后,CBR 及无侧限抗压强度值随着水泥掺量的增大而增加,且改良精选红土粒料的 CBR 和无侧限抗压强度显著大于改良普通红土粒料。通过对比掺砂与不掺砂两种配合比条件下 CBR 及无侧限抗压强度数值,发现进行级配改良后,由于砂的加入使得混合料具有更好的和易性,在相同的压实条件下试件成型更加密实,CBR 及无侧限抗压强度数值更高。

(2) 随着养生龄期的增长,不同配合比下的改良红土粒料强度逐渐增长。考虑到非洲地区分明的气候条件,设计了基于无侧限抗压强度的干湿循环试验,结果表明水泥或者水泥+砂改良的红土粒料具有较好的水稳性能。

(3) 根据试验结果,工程中推荐采用 2% 水泥掺量精选红土粒料作为底基层,3% 水泥+15% 砂掺量精选红土粒料作为基层使用。天然红土粒料本身具有较高的强度特性,使用精选红土粒料改良后用于基层、底基层填筑能节约水泥用量,提高基层、底基层承载力,有着良好的经济效益。

(4) 对于红土粒料基层、底基层填筑施工工艺,提出了厂拌及路拌两种施工工法,从原材料要求、质量管理及检测验收、安全环保措施、效益分析等方面系统性地阐述了红土粒料基层、底基层填筑施工工艺的优越性、可行性,并结合应用实例进行了验证。

第4章

基于法国标准的路面结构受力影响分析

路面设计的目的是通过选取恰当合理的路面各结构层材料和厚度,采用合理的施工工艺铺设,使其在设计年限内能抵抗行车荷载的反复作用,同时可以达到保护路基的目的。以科特迪瓦某公路工程为研究对象,通过对行驶在该路面的不同车辆荷载对路面各结构层的拉(压)应力的各种影响因素分析,进而达到更好地分析路面结构力学性能的目的。

4.1 法国标准荷载

《国外沥青路面设计方法汇总》中法国标准的路面结构设计采用双轮组单轴载130kN为标准轴载,轮胎接地压强为0.662MPa,当量圆半径 $r=12.5$cm,两轮中心距 $d(3r)=37.5$cm。轮胎路面接触示意图如图4-1所示。

基于该公路工程在科特迪瓦道路网的重要位置以及公路建成后带来的经济发展和交通状况,其路面结构受力影响分析中应充分考虑重载车辆比例、交通运输车型、超载超限现象等,从而在路面结构材料设计及厚度选取前定向分析不同情况对路面结构受力分析的影响。法国标准中车辆超载时的轮胎接地压力公式见式(4-1)。

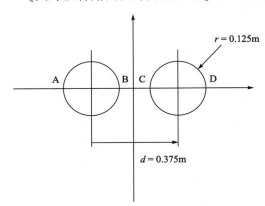

图4-1 轮胎路面接触示意图

$$\frac{N_1}{N_2} = \left(\frac{P_2}{P_1}\right)^{b/c} \quad (4\text{-}1)$$

式中:N_1——换算轴载(kN);
N_2——标准轴载(kN);
P_1——换算轴载对应的轮压(MPa);
P_2——标准轴载对应的轮压(MPa);

b——轴载比指数;

　　c——轮组系数。

由式 4-1 可得到不同超载情况下轮胎接地压力的计算值,计算结果见表 4-1。

法国标准不同超载情况下轮胎接地压力计算结果　　　　表 4-1

轴载 N(kN)	接地压力 P(MPa)
130(标准轴载)	0.662
195(超载 50%)	0.758
260(超载 100%)	0.834

4.2 拟定影响路面各结构层受力分析参数范围

　　路面结构是由服务于不同车辆荷载,使用不同性质的材料铺设而成,各结构层厚度不一的多层结构物。因此,车辆荷载大小、各结构层材料性质和厚度对路面结构受力影响和力学性能分析的结果息息相关。《国外道路工程手册》中,法国半刚性基层沥青路面结构根据情况可分为:土基、垫层(可能有)、底基层(可能有)、基层、磨耗层和联结层(我国通称面层)构成。这种路面结构具有较高的抗压强度和良好的抗疲劳性能,因此,近些年来西非大多数国家结合当地实际条件开始广泛使用半刚性材料基层沥青路面结构,法国标准的路面材料设计中对于某种材料的特征要求取决于不同的路面结构层功能,因此,有必要先了解路面各结构层的功能定位,为进一步路面结构受力影响和力学性能分析打好基础。

4.2.1 磨耗层及联结层(面层)的参数范围

　　磨耗层及联结层是直接承受交通量荷载反复作用和自然气候因素影响的结构层,所以为了减少车辆荷载和自然气候因素对路面结构磨耗层及联结层的不利影响,应在经济合理范围内选取具有较高强度和模量、抗疲劳性能好且能够结合当地特殊环境,抵御高温和雨水侵蚀的磨耗层及联结层材料。为了达到提高行车条件、减少交通量荷载和特殊环境对路面结构损伤的目的,法国标准一般通过选取经济允许范围内合理的磨耗层及联结层材料,并采用正确的施工工艺按照一定的技术措施在路面结构顶部铺筑一层较薄的路面结构层。

　　对法国及西非地区相关实际工程资料进行统计得到法国标准的半刚性基层沥青路面采用的磨耗层及联结层结构厚度范围为 6～10cm,为研究科特迪瓦路面结构磨耗层及联结层在不同参数下的车辆荷载作用下的受力分析,分别取公路磨耗层及联结层厚度为 6cm、7cm、8cm、9cm、10cm。法国沥青路面结构磨耗层及联结层常采用高模量沥青混凝土(BBME)、沥青混凝土(BB)和半开级配沥青混凝土(BBSG),常用的路面磨耗层及联结层材料模量范围在 2600～2800MPa,分别取磨耗层及联结层模量为 2600MPa、2650MPa、2700MPa、2750MPa、2800MPa。

4.2.2 路面结构基层参数范围

基层是路面结构中重要组成部分,基层具有分散交通量荷载和减小路面结构变形的作用。因此,基层材料选取应当满足材料本身相对较密实、抗疲劳和抗永久变形性能良好的特点。法国标准一般结合当地实际条件选取经济允许范围内合理的基层材料,并采用正确的施工工艺按照一定的技术措施在路面结构磨耗层及联结层和底基层中间铺筑一层设计厚度的路面结构层,路面基层的工作状态将直接影响路面结构的稳定性和质量。

为研究科特迪瓦路面结构在不同基层参数下的车辆荷载作用下的受力分析,结合 *Conception et Dimensionnement des Structures de Chaussée*(1994 SETRA/LCPC)(法国路面结构的设计构思与尺寸确定技术指南译本)中法国半刚性基层沥青路面采用的基层结构的厚度范围为 16~20cm,分别取公路基层的厚度为 16cm、17cm、18cm、19cm、20cm。法国沥青路面结构基层常用的路面基层材料模量范围在 1200~1600MPa,分别取基层模量为 1200MPa、1300MPa、1400MPa、1500MPa、1600MPa。

4.2.3 路面结构底基层的参数范围

路面结构底基层是指与磨耗层及联结层、基层一起承受车辆荷载作用的位于基层下铺筑的次要承重层。通过设置路面结构底基层可有效减少车辆荷载对路基顶面压应力的影响,使路基和路面结构磨耗层及联结层和基层充分发挥作用。路面结构底基层可以进一步扩散车辆荷载传递在基层的应力,减小车辆荷载对路基产生的应力,减缓路基的不均匀变形对磨耗层及联结层和路面结构基层的影响,路面结构底基层的设置能使路面结构更加合理。

路面结构底基层可看作是路面基层的延续,在厚度、材料类型选择及模量相对基层要求都较低。为研究科特迪瓦路面结构在不同底基层参数的车辆荷载作用下的受力分析,结合 *Conception et Dimensionnement des Structures de Chaussée*(1994 SETRA/LCPC)(法国路面结构的设计构思与尺寸确定技术指南译本)分别取公路底基层的厚度为 16cm、16.5cm、17cm、17.5cm、18cm。法国标准路面结构底基层常用的路面基层材料模量范围在 500~1000MPa,分别取基层模量为 500MPa、600MPa、700MPa、800MPa、900MPa。

4.2.4 路面结构土基模量范围

土基是指在天然土上部一定厚度经过处治后为满足路面各层结构稳定性的路面结构部分,其受到交通荷载及其他因素的影响较小,但材料模量过低易发生失稳破坏现象。因此,必须结合工程实际条件保证土基结构在车辆荷载作用下的稳定性,所选取材料强度在满足法国标准前提下应能够应对暂时性的超负荷外力作用。法国交通部门强制性规定修筑的土基在施工期内,土基模量≥50MPa,本书的计算中参照科特迪瓦其他已建成公路拟定公路土基模量为 75MPa、77.5MPa、80MPa、82.5MPa、85MPa。

综合以上对科特迪瓦路面各结构层参数范围的选择,在结合实际条件的基础上,所选择的各结构层材料参数范围不仅能包含法国半刚性基层路面标准常采用的路面结构层厚度和各结构层材料模量,还可以分析路面各结构层在行车荷载作用下的受力影响。拟定路面各结构层的厚度和材料模量见表 4-2。

拟定科特迪瓦路面各结构层厚度和材料模量 表 4-2

路面结构层	拟定材料类型	拟定厚度(cm)	拟定材料模量(MPa)
磨耗层及联结层	沥青混凝土 BB	6、7、8、9、10	2600、2650、2700、2750、2800
基层	改良红土粒料	16、17、18、19、20	1200、1300、1400、1500、1600
底基层	改良红土粒料	16、16.5、17、17.5、18	500、600、700、800、900
土基	天然红土粒料	—	75、77.5、80、82.5、85

4.3 路面结构有限元模型建立与计算分析

4.3.1 有限元模型的基本假设和边界条件

ABAQUS 作为岩土工程学科通用的数值模拟计算工具,能真实反映土体结构大部分(应力/应变)问题。通过借助飞速发展的计算机通用技术和方法对复杂的工程进行不同属性材料的定义及模拟边界条件和各结构层接触面状态,进而通过对有限元模型施加荷载并进行网格划分得到满足依托工程要求的计算结果,成为路面结构性能分析和岩土工程设计的主要依据。

在确定路面车辆荷载作用模式的基础上,为研究科特迪瓦代表性的半刚性基层路面结构,将公路工程看作线弹性体,根据弹性层状体系原理建立有限元模型,路面结构模型假设和边界条件如下:

(1)路面结构各层为均质、弹性、连续,由各向同性材料组成,服从线弹性本构模型关系,遵循胡克定律。

(2)路面各结构层接触面上应力、应变均为连续。

(3)路面结构表面作用垂直均布荷载,土基在深度和长度方向均为半无限空间体。

车辆荷载作用于路面范围有限,模拟路面结构中路面两侧受土的压力不产生位移。模型底面为半无限空间土基,不产生任何位移。因此,科特迪瓦该路面结构有限元模型的边界条件为:

(1)模型底面为固定约束。

(2)行车方向左右两侧无与行车方向垂直的位移。

(3)模型顶面作用均布竖向荷载。

4.3.2 有限元模型的建立及确定路面结构受力分析点位

在路面结构受力影响分析中,作用在路面的交通荷载对路面结构的影响有限,大部分影响可忽略不计。根据有限元模型基本假设及边界条件假定 X 为行车方向,Y 为路面宽度方向,Z 为路面深度,结合公路工程具体设计要求建立 $X \times Y \times Z$ 为 3.7m×2m×1.8m 的三维有限元模型,用恰当的单元类型给三维有限元模型划分网格。本书采用 ABAQUS 中八节点实体单元 Solid45 对路面结构三维有限元模型进行网格划分。在有限元模型的受力分析原理中,单元网格划分越细,荷载作用下路面结构受力情况的计算结果更接近实际情况。为使路面结构受力影响分析结果更加趋近真实结果,对路面结构三维有限元模型磨耗层及联结层的车辆荷载直接作用位置进行单元网格加密处理,由于路面结构受车轮作用的范围有限且对路面结构边缘影响较小,所以上述边界条件确定的位置在结构有限元模型边缘。在保证计算结果精确的前提下,可使路面结构三维有限元模型在荷载作用下的分析步时间缩短。建立三维有限元计算模型及网格划分后计算模型如图 4-2、图 4-3 所示。

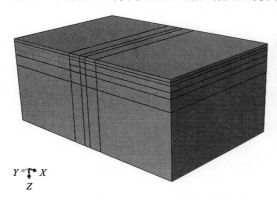

图 4-2　路面结构三维有限元计算模型

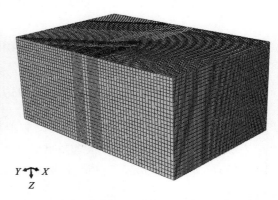

图 4-3　路面结构网格划分后三维有限元计算模型

为了分析表 4-2 中路面各结构层参数在车辆荷载作用下的受力影响,必须慎重地选择所拟定的设计参数。为了能够在繁杂的数据中挑选出有代表性的部分水平组合进行试验研究,进而定向了解全部的试验情况,找到影响路面各结构层受力的显著因素并得出最优的水平组合,从而合理利用材料,需要使用正确的数理统计知识进行数据的分析和设计。正交试验为解决这一问题且提高计算效率提供了一个很好的途径。本书根据表 4-2 中路面各结构参数结合正交试验得到路面结构受力影响因素表见表 4-3,受力影响方案见表 4-4。

路面结构受力影响因素表　　　　　　　　　　　　　　　表 4-3

路面结构影响因素		i	ii	iii
Ⅰ	荷载(kN)	130	195	260
Ⅱ	磨耗层及联结层厚度(cm)	6	8	10
Ⅲ	磨耗层及联结层模量(MPa)	2600	2700	2800
Ⅳ	基层厚度(cm)	16	18	20
Ⅴ	基层模量(MPa)	1200	1400	1600
Ⅵ	底基层厚度(cm)	16	17	18
Ⅶ	底基层模量(MPa)	500	700	900
Ⅷ	土基模量(MPa)	75	80	85

路面结构受力影响方案 表 4-4

方案	路面结构影响因素							
	Ⅰ	Ⅱ	Ⅲ	Ⅳ	Ⅴ	Ⅵ	Ⅶ	Ⅷ
1	130	6	2600	16	1200	16	500	75
2	130	6	2600	16	1400	17	700	80
3	130	6	2600	16	1600	18	900	85
4	130	8	2700	18	1200	16	500	80
5	130	8	2700	18	1400	17	700	85
6	130	8	2700	18	1600	18	900	75
7	130	10	2800	20	1200	16	500	85
8	130	10	2800	20	1400	17	700	75
9	130	10	2800	20	1600	18	900	80
10	195	6	2700	20	1200	17	900	75
11	195	6	2700	20	1400	18	500	80
12	195	6	2700	20	1600	16	700	85
13	195	8	2800	16	1200	17	900	80
14	195	8	2800	16	1400	18	500	85
15	195	8	2800	16	1600	16	700	75
16	195	10	2600	18	1200	17	900	85
17	195	10	2600	18	1400	18	500	75
18	195	10	2600	18	1600	16	700	80
19	260	6	2800	18	1200	18	700	75
20	260	6	2800	18	1400	16	900	80
21	260	6	2800	18	1600	17	500	85
22	260	8	2600	20	1200	18	700	80
23	260	8	2600	20	1400	16	900	85
24	260	8	2600	20	1600	17	500	75
25	260	10	2700	16	1200	18	700	85
26	260	10	2700	16	1400	16	900	75
27	260	10	2700	16	1600	17	500	80

4.3.3　影响路面各结构层应力显著因素及顺序确定

在路面结构有限元计算模型中，沿路面不同深度位置的应变指标计算点位为图4-1中A、B、C、D四点。路面各结构层变形会在不同的位置达到最大，为了确定四个计算点位中应变变化量最大的计算点位为进一步分析路面结构受力影响的计算点位，因此需要对具体计算点位进行分析。根据表4-4中方案1对路面深度160cm以内的三个方向的应力及应变进行ABAQUS有限元模拟，结果如图4-4～图4-8所示。

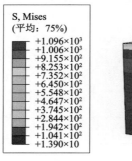
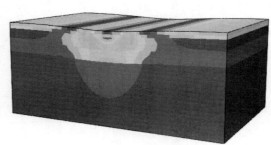

图4-4　方案1应力云图

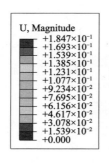
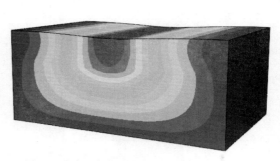

图4-5　方案1应变云图

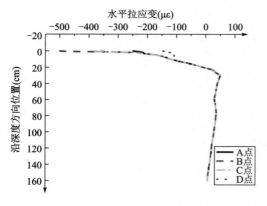

图4-6　方案1路表深度160cm水平行车方向拉应变

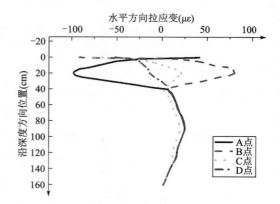

图4-7　方案1路表深度160cm垂直行车方向水平拉应变

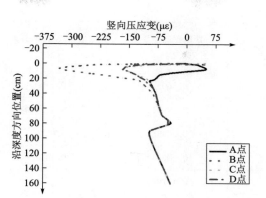

图 4-8　方案 1 路表深度 160cm 竖向压应变

通过对方案 1 路表深度 160cm 范围内 A、B、C、D 四个计算点位三个方向的应变结果分析可知,B 计算点位深度下的路面各结构层内部拉(压)应变变化范围最大,故研究 B 计算点位下的车辆荷载作用受到的拉(压)应力影响因素对路面各结构层的影响更加可靠。CCTP 中规定路面结构中应以各结构层底面拉(压)应力为计算指标进行受力分析,根据表 4-4 中 27 种方案运行有限元软件 ABAQUS 得到 B 计算点位下的路面各结构层底面拉(压)应力结果见表 4-5。

B 计算点位路面各结构层底面拉(压)应力结果　　表 4-5

试验方案	磨耗层及联结层底面拉应力(MPa)	基层底面拉应力(MPa)	底基层底面拉应力(MPa)	土基顶面压应力(MPa)
1	0.067752	0.251436	0.185227	0.022681
2	0.046272	0.125230	0.108622	0.021523
3	0.044531	0.082355	0.095654	0.026253
4	0.018722	0.101561	0.036876	0.024725
5	0.065538	0.096431	0.044286	0.019954
6	0.066245	0.157223	0.162883	0.017635
7	0.062952	0.172628	0.095288	0.018726
8	0.058661	0.162933	0.152196	0.018429
9	0.057324	0.165427	0.153442	0.019215
10	0.041125	0.053422	0.152238	0.020106
11	0.065237	0.236910	0.042146	0.021326
12	0.059910	0.212032	0.175102	0.012413
13	0.015192	0.040136	0.153029	0.015261
14	0.039510	0.182163	0.053462	0.013527

续上表

试验方案	磨耗层及联结层底面拉应力（MPa）	基层底面拉应力（MPa）	底基层底面拉应力（MPa）	土基顶面压应力（MPa）
15	0.049172	0.160523	0.149021	0.016324
16	0.059927	0.096014	0.179826	0.018516
17	0.038162	0.204382	0.051627	0.014208
18	0.039205	0.102357	0.168750	0.015619
19	0.072157	0.172964	0.134627	0.017452
20	0.074653	0.135267	0.201426	0.017265
21	0.071936	0.098251	0.062543	0.016273
22	0.041669	0.074238	0.072539	0.017146
23	0.042453	0.152208	0.114265	0.015246
24	0.061226	0.129637	0.063524	0.018359
25	0.059817	0.071387	0.072643	0.016295
26	0.048157	0.129753	0.192537	0.015346
27	0.049143	0.130268	0.061583	0.016537

通过正交试验设计，将多个影响试验结果的因素和水平进行代表性组合，研究不同因素水平对试验结果的影响性大小，确定显著性影响因素的水平。方差分析试验结果通过设置误差空列将不同的试验结果分解成由误差导致的结果差异和由因素水平导致的结果差异，通过假设检验中构造 F 统计量的方法得到试验的 F 值与 F 分布上侧分位数（表4-6）进行比较，便可判断不同水平下某个因素作用是否显著影响试验结果。

F 分布上侧分位数表　　　　　　　　　　　　　　　　　表4-6

$F_{\alpha(m,n)}$	(1,1)	(2,2)	(3,3)
$F_{\alpha(m,n)}=0.025$	647.80	39.00	15.44
$F_{\alpha(m,n)}=0.05$	161.40	19.00	9.28
$F_{\alpha(m,n)}=0.1$	39.86	9.00	5.39

方差分析的计算过程如下：

(1) 计算各列各个水平对应 Y 值。

各列各水平中的计算结果之和为 Y_{m1}、Y_{m2}、Y_{m3}，对其平方得 Y_{m1}^2、Y_{m2}^2、Y_{m3}^2。Y_{m1} 为第 m 列 i 水平下对应的结果值，Y_{m2} 为第 m 列 ii 水平下对应的结果值，Y_{m3} 为第 m 列 iii 水平下对应的结果值。

(2) 计算各列的偏差平方和及自由度。

$$SS_t = \sum \sum Y_{m1}^2 - \frac{(\sum X)^2}{n} \tag{4-2}$$

第4章 基于法国标准的路面结构受力影响分析

$$df_t = m - 1 \tag{4-3}$$

式中：SS_t——偏差平方和；
X——对应列对应水平的试验结果；
n——试验总次数；
df_t——自由度；
m——各因素水平数；
t——各因素符号。

（3）计算方差。

$$S_t^2 = \frac{SS_t}{df_t} \tag{4-4}$$

式中：S_t^2——方差。

（4）显著性检验。

用各列方差计算结果和误差列的方差计算结果通过构造 F 统计量做显著性检验。F 的计算式见式(4-5)。

$$F_a = \frac{SS_t}{SS_i} \tag{4-5}$$

计算结果 F 值与表 4-6 进行比较，若 $F < F_{a(m,n)}$，则认同原假设，认为此因素对试验结果无显著影响；否则拒绝原假设，认为该因素对试验结果影响显著。进而能得到影响路面结构受力的显著因素。

通过上述方差分析的计算得到各因素作用下路面结构受力影响的正交方案，见表 4-7。

路面各结构层受力影响的正交方案　　　　　　　表 4-7

方案	路面结构受力影响因素								
	Ⅰ	Ⅱ	Ⅲ	Ⅳ	Ⅴ	Ⅵ	Ⅶ	Ⅷ	空列
1	i	i	i	i	i	i	i	i	i
2	i	i	i	i	ii	ii	ii	ii	ii
3	i	i	i	i	iii	iii	iii	iii	iii
4	i	ii	ii	ii	i	i	i	ii	ii
5	i	ii	ii	ii	ii	ii	ii	iii	iii
6	i	ii	ii	ii	iii	iii	iii	i	i
7	i	iii	iii	iii	i	i	i	iii	iii
8	i	iii	iii	iii	ii	ii	ii	i	i
9	i	iii	iii	iii	iii	iii	iii	ii	ii
10	ii	i	ii	iii	i	ii	iii	i	ii
11	ii	i	ii	iii	ii	iii	i	ii	iii
12	ii	i	ii	iii	iii	i	ii	iii	i
13	ii	ii	iii	i	i	ii	iii	ii	iii
14	ii	ii	iii	i	ii	iii	i	iii	i

续上表

方案	路面结构受力影响因素								
	I	II	III	IV	V	VI	VII	VIII	空列
15	ii	ii	iii	i	iii	i	ii	i	ii
16	ii	iii	i	ii	i	ii	iii	iii	i
17	ii	iii	i	ii	ii	iii	i	i	ii
18	ii	iii	i	ii	iii	i	ii	ii	iii
19	iii	i	iii	ii	i	ii	ii	i	iii
20	iii	i	iii	ii	ii	iii	iii	ii	i
21	iii	i	iii	ii	iii	ii	i	iii	ii
22	iii	ii	i	iii	i	iii	ii	i	ii
23	iii	ii	i	iii	ii	i	iii	ii	iii
24	iii	ii	i	iii	iii	ii	i	iii	i
25	iii	iii	ii	i	i	ii	iii	iii	iii
26	iii	iii	ii	i	ii	iii	i	i	iii
27	iii	iii	ii	i	iii	ii	ii	ii	i

注:i、ii、iii分别为路面结构各因素的3个水平。

通过对路面各结构层在不同因素作用下路面结构磨耗层及联结层受力影响的正交方案进行方差分析计算,结果见表4-8。

路面结构磨耗层及联结层底面拉应力的方差计算结果　　　　表4-8

Y_{m1}	0.48799	0.54357	0.44119	0.41955	0.43931	0.46307	0.47464	0.50276	0.48668
Y_{m2}	0.40744	0.39973	0.47389	0.50654	0.47864	0.46902	0.49240	0.40742	0.41616
Y_{m3}	0.52121	0.47335	0.50156	0.49056	0.49869	0.48465	0.44961	0.50657	0.51391
y_{m1}	0.05422	0.06040	0.04902	0.04662	0.04881	0.05144	0.05274	0.05585	0.05406
y_{m2}	0.04527	0.04441	0.05266	0.05628	0.05318	0.05211	0.05471	0.04527	0.04624
y_{m3}	0.05791	0.05259	0.05573	0.05451	0.05541	0.05385	0.04996	0.05629	0.05710
SS_t	0.00062	0.00529	0.00002	0.00041	0.00046	0.00026	0.00002	0.00003	0.00005
df_t	2	2	2	2	2	2	2	2	2
S_t^2	0.00031	0.00264	0.00005	0.00020	0.00023	0.00013	0.00002	0.00005	0.00002
F	9.22576	21.4655	—	43.5382	37.4699	—	—	—	—
F_α	$F_{0.1(2,2)}=9$	$F_{0.05(2,2)}=19$	—	$F_{0.025(2,2)}=39$	$F_{0.05(2,2)}=19$	—	—	—	—

注:y_{m1}、y_{m2}、y_{m3}分别为Y_{m1}、Y_{m2}、Y_{m3}的平均值。

根据表4-8计算结果与表4-6假设检验F分布上侧分位数得到路面结构影响因素Ⅳ在0.025水平即在97.5%的置信区间内,Ⅳ因素对路面结构磨耗层及联结层底面拉应力影响显著;因素Ⅱ和因素Ⅴ在0.05水平即在95%置信区间内,因素Ⅱ和因素Ⅴ对路面结构磨耗层及联结层底面拉应力影响显著;因素Ⅰ在0.1水平即在90%置信区间内,因素Ⅰ对路面结构磨耗层及联结层底面拉应力影响显著。通过与表4-6进行比较,其他因素的F计算值均在90%以外,即其余因素对路面结构磨耗层及联结层受力影响不大。

通过对路面各结构层在不同因素作用下路面结构基层受力影响的正交方案进行方差分析计算,结果见表4-9。

路面结构基层底面拉应力的方差计算结果   表4-9

Y_{m1}	1.31522	1.36787	1.21786	1.17325	1.03379	1.41777	1.50724	1.42227	1.40157
Y_{m2}	1.28794	1.09412	1.18899	1.16445	1.42528	0.93232	1.17809	1.11139	1.13239
Y_{m3}	1.09397	1.23515	1.29029	1.35944	1.23807	1.34705	1.01181	1.16347	1.16317
y_{m1}	0.14613	0.15199	0.13532	0.13036	0.11487	0.15753	0.16747	0.15803	0.15573
y_{m2}	0.14310	0.12157	0.13211	0.12938	0.15836	0.10359	0.13090	0.12359	0.12582
y_{m3}	0.12155	0.13724	0.14337	0.15105	0.13756	0.14967	0.11242	0.12927	0.12942
SS_t	0.00952	0.00188	0.00003	0.00491	0.00090	0.00378	0.06629	0.00019	0.00004
df_t	2	2	2	2	2	2	2	2	2
S_t^2	0.00476	0.00094	0.00003	0.00246	0.00045	0.00189	0.03315	0.00009	0.00002
F	23.7226	—	—	19.8376	—	11.0994	42.5311	—	—
F_α	$F_{0.05(2,2)}=19$	—	—	$F_{0.05(2,2)}=19$	—	$F_{0.1(2,2)}=9$	$F_{0.025(2,2)}=39$	—	—

根据表4-9计算结果与表4-6假设检验 F 分布上侧分位数得到路面结构影响因素Ⅶ计算得到的 F 值在0.025水平即在97.5%的置信区间内,路面结构影响因素Ⅶ对基层受力影响显著;路面结构影响因素Ⅰ和路面结构影响因素Ⅳ计算得到的 F 值在0.05水平即在95%置信区间内,路面结构影响因素Ⅰ和路面结构影响因素Ⅳ对路面结构基层受力影响显著;路面结构影响因素Ⅵ计算得到的 F 值在0.1水平即在90%的置信区间内,路面结构影响因素Ⅵ对路面结构基层受力影响较为显著。通过与表4-6进行比较,其他路面结构影响因素的 F 计算值均在90%以外,即其余因素对路面结构基层受力影响不显著。

通过对路面各结构层在不同的影响因素作用下路面结构底基层受力影响的正交方案进行方差分析计算,结果见表4-10。

路面结构底基层底面拉应力的方差计算结果   表4-10

Y_{m1}	1.03447	1.15759	1.04003	1.07178	1.08229	1.31849	0.65228	1.24388	1.24424
Y_{m2}	1.12520	0.84988	0.94029	1.04284	0.96057	0.97785	1.07779	0.99841	0.90127
Y_{m3}	0.97569	1.12789	1.15503	1.02074	1.09250	0.83902	1.40530	0.89307	0.98984
y_{m1}	0.11494	0.12862	0.11556	0.11909	0.12026	0.14650	0.07248	0.13821	0.13825
y_{m2}	0.12502	0.09443	0.10448	0.11587	0.10673	0.10865	0.11975	0.11094	0.10014
y_{m3}	0.10851	0.12532	0.12834	0.11342	0.12139	0.09323	0.15614	0.09923	0.10998
SS_t	0.00024	0.00723	0.01603	0.00863	0.07626	0.00090	0.00378	0.06629	0.00009
df_t	2	2	2	2	2	2	2	2	2
S_t^2	0.00012	0.00361	0.00802	0.00431	0.03813	0.00045	0.00189	0.00015	0.00005
F	4.52242	55.338	124.825	69.957	231.346	7.5946	45.9772	5.3772	1.2661
F_α	—	$F_{0.025(2,2)}=39$	$F_{0.025(2,2)}=39$	$F_{0.025(2,2)}=39$	$F_{0.005(2,2)}=199$	—	$F_{0.025(2,2)}=39$	—	—

根据表 4-10 计算结果与表 4-6 假设检验 F 分布上侧分位数得到路面结构影响因素 Ⅴ 在 0.005 水平即在 99.5% 置信区间内,因素 Ⅴ 对路面结构底基层受力影响显著;路面结构影响因素 Ⅱ、因素 Ⅲ、因素 Ⅳ、因素 Ⅶ 均在 0.025 水平即在 97.5% 置信区间内,路面结构影响因素 Ⅱ、因素 Ⅲ、因素 Ⅳ、因素 Ⅶ 均对路面结构底基层受力影响显著。通过与表 4-6 进行比较,其他路面结构影响因素的 F 计算值均在 90% 以外,即其余因素对路面结构基层受力影响不显著。

通过对路面各结构层在不同因素作用下路面结构土基受力影响的正交方案进行方差分析计算,结果见表 4-11。

路面结构土基顶面压应力的方差计算结果 表 4-11

Y_{m1}	0.18914	0.17529	0.16955	0.16979	0.17091	0.18033	0.16636	0.16054	0.15415
Y_{m2}	0.14730	0.15818	0.16434	0.15816	0.15682	0.15671	0.15510	0.16862	0.16392
Y_{m3}	0.14992	0.15289	0.15247	0.15839	0.15863	0.15936	0.16484	0.15720	0.16830
y_{m1}	0.02102	0.01948	0.01883	0.01887	0.01899	0.01903	0.01849	0.01784	0.01713
y_{m2}	0.01637	0.01758	0.01826	0.01758	0.01740	0.01743	0.01724	0.01874	0.01821
y_{m3}	0.01665	0.01698	0.01694	0.01760	0.01762	0.01698	0.01832	0.01747	0.01870
SS_t	0.00026	0.00001	0.00002	0.00003	0.00006	0.00005	0.00005	0.00048	0.00003
df_t	2	2	2	2	2	2	2	2	2
S_t^2	0.00013	0.00007	0.00002	0.00005	0.00004	0.00003	0.00002	0.00024	0.00003
F	12.5376	2.3451	4.8176	5.4108	5.9513	7.5946	7.3419	15.2649	3.2941
F_α	$F_{0.1(2,2)}=9$	—	—	—	—	—	—	$F_{0.1(2,2)}=9$	—

根据表 4-11 计算结果与表 4-6 假设检验 F 分布上侧分位数得到路面结构影响因素 Ⅰ、因素 Ⅷ 在 0.1 水平即在 90% 置信区间内,路面结构影响因素 Ⅰ 和因素 Ⅷ 对土基顶面受力影响显著。通过与表 4-6 进行比较,其他路面结构影响因素的 F 计算值均在 90% 以外,即其余因素对路面结构基层受力影响不显著。

极差分析通过求某一因素和水平的试验结果之和得到在该因素下的平均值,针对该因素和水平的平均值,求出最大值与最小值的差记为极差。根据计算结果比较极差值的大小,得到路面结构各影响因素对试验结果的影响顺序排列,得到各个影响因素的不同水平对试验结果影响的显著性程度、优水平和优组合。

通过对路面各结构层不同影响因素作用下路面结构磨耗层及联结层受力影响的正交方案进行极差分析计算,得到磨耗层及联结层底面受力结果,见表 4-12。

磨耗层及联结层底面拉应力的极差计算结果 表 4-12

Y_{m1}	0.48799	0.54357	0.44119	0.41955	0.43931	0.46307	0.47464	0.50276
Y_{m2}	0.40744	0.39973	0.47389	0.50654	0.47864	0.46902	0.49240	0.40742
Y_{m3}	0.52121	0.47335	0.50156	0.49056	0.49869	0.48465	0.44961	0.50657

续上表

y_{m1}	0.05422	0.06040	0.04902	0.04662	0.04881	0.05144	0.05274	0.05585
y_{m2}	0.04527	0.04441	0.05266	0.05628	0.05318	0.05211	0.05471	0.04527
y_{m3}	0.05791	0.05259	0.05573	0.05451	0.05541	0.05385	0.04996	0.05629
极差	0.01264	0.01598	0.00671	0.01967	0.00660	0.00024	0.00476	0.01102
顺序	Ⅳ > Ⅱ > Ⅰ > Ⅷ > Ⅲ > Ⅴ > Ⅶ > Ⅵ							
优水平	Ⅰ$_{ii}$	Ⅱ$_{ii}$	Ⅲ$_i$	Ⅳ$_i$	Ⅴ$_i$	Ⅵ$_i$	Ⅶ$_i$	Ⅷ$_{ii}$
优组合	Ⅰ$_{ii}$、Ⅱ$_{ii}$、Ⅲ$_i$、Ⅳ$_i$、Ⅴ$_i$、Ⅵ$_i$、Ⅶ$_i$、Ⅷ$_{ii}$							

由表 4-12 可知,极差分析中以磨耗层及联结层底面拉应力为计算指标时,路面结构各影响因素对路面结构磨耗层及联结层底面拉应力的影响顺序为Ⅳ > Ⅱ > Ⅰ > Ⅷ > Ⅲ > Ⅴ > Ⅶ > Ⅵ,路面结构磨耗层及联结层底面拉应力越小对磨耗层及联结层影响最小,路面保持正常使用年限越长。所以,在 y_{m1}、y_{m2}、y_{m3} 中选择最小值时,磨耗层及联结层底面拉应力最小。因此,当 8 个路面结构影响因素分别为 Ⅰ$_{ii}$、Ⅱ$_{ii}$、Ⅲ$_i$、Ⅳ$_i$、Ⅴ$_i$、Ⅵ$_i$、Ⅶ$_i$、Ⅷ$_{ii}$ 的组合时,路面结构磨耗层及联结层底面拉应力最小。

通过对路面各结构层不同影响因素作用下路面结构基层受力影响的正交方案进行极差分析计算,得到基层底面受力结果,见表 4-13。

路面结构基层底面拉应力的极差计算结果　　　　表 4-13

Y_{m1}	1.31522	1.36787	1.21786	1.17325	1.03379	1.41777	1.50724	1.42227
Y_{m2}	1.28794	1.09412	1.18899	1.16445	1.42528	0.93232	1.17809	1.11139
Y_{m3}	1.09397	1.23515	1.29029	1.35944	1.23807	1.34705	1.01181	1.16347
y_{m1}	0.14613	0.15199	0.13532	0.13036	0.11487	0.15753	0.16747	0.15803
y_{m2}	0.14310	0.12157	0.13211	0.12938	0.15836	0.10359	0.13090	0.12359
y_{m3}	0.12155	0.13724	0.14337	0.15105	0.13756	0.14967	0.11242	0.12927
极差	0.04458	0.03042	0.01126	0.02166	0.04350	0.05394	0.05505	0.03445
顺序	Ⅶ > Ⅰ > Ⅵ > Ⅴ > Ⅳ > Ⅷ > Ⅱ > Ⅲ							
优水平	Ⅰ$_{iii}$	Ⅱ$_{ii}$	Ⅲ$_{ii}$	Ⅳ$_{ii}$	Ⅴ$_i$	Ⅵ$_{ii}$	Ⅶ$_{iii}$	Ⅷ$_{ii}$
优组合	Ⅰ$_{iii}$、Ⅱ$_{ii}$、Ⅲ$_{ii}$、Ⅳ$_{ii}$、Ⅴ$_i$、Ⅵ$_{ii}$、Ⅶ$_{iii}$、Ⅷ$_{ii}$							

由表 4-13 可知,极差分析中以路面结构基层底面拉应力为计算指标时,路面结构各影响因素对路面结构基层底面拉应力的影响因素顺序为Ⅶ > Ⅰ > Ⅵ > Ⅴ > Ⅳ > Ⅷ > Ⅱ > Ⅲ,基层底面拉应力越小,越能保证路面结构在设计年限内服务时间越长。所以,在 y_{m1}、y_{m2}、y_{m3} 中选择最小值时基层底面拉应力最小。因此,当 8 个路面结构影响因素分别为 Ⅰ$_{iii}$、Ⅱ$_{ii}$、Ⅲ$_{ii}$、Ⅳ$_{ii}$、Ⅴ$_i$、Ⅵ$_{ii}$、Ⅶ$_{iii}$、Ⅷ$_{ii}$ 的水平组合时,路面结构基层底面拉应力最小。

通过对路面各结构层不同影响因素作用下路面结构底基层受力影响的正交方案进行极差分析计算,得到底基层底面受力结果,见表 4-14。

路面结构底基层底面拉应力的极差计算结果　　　　表 4-14

Y_{m1}	1.03447	1.15759	1.04003	1.07178	1.08229	1.31849	0.65228	1.24388
Y_{m2}	1.12520	0.84988	0.94029	1.04284	0.96057	0.97785	1.07779	0.99841
Y_{m3}	0.97569	1.12789	1.15503	1.02074	1.09250	0.83902	1.40530	0.89307
y_{m1}	0.11494	0.12862	0.11556	0.11909	0.12026	0.14650	0.07248	0.13821
y_{m2}	0.12502	0.09443	0.10448	0.11587	0.10673	0.10865	0.11975	0.11094
y_{m3}	0.10851	0.12532	0.12834	0.11342	0.12139	0.09323	0.15614	0.09923
极差	0.01651	0.03898	0.02386	0.05567	0.06466	0.05327	0.04367	0.03418
顺序	Ⅴ＞Ⅳ＞Ⅵ＞Ⅶ＞Ⅱ＞Ⅷ＞Ⅲ＞Ⅰ							
优水平	Ⅰ$_{iii}$	Ⅱ$_{ii}$	Ⅲ$_{ii}$	Ⅳ$_{iii}$	Ⅴ$_{ii}$	Ⅵ$_{ii}$	Ⅶ$_{i}$	Ⅷ$_{iii}$
优组合	Ⅰ$_{iii}$、Ⅱ$_{ii}$、Ⅲ$_{ii}$、Ⅳ$_{iii}$、Ⅴ$_{ii}$、Ⅵ$_{ii}$、Ⅶ$_{i}$、Ⅷ$_{iii}$							

由表 4-14 可知,极差分析中以路面结构底基层底面拉应力为计算指标时,路面结构各影响因素对路面结构底基层底面拉应力的影响因素顺序为Ⅴ＞Ⅳ＞Ⅵ＞Ⅶ＞Ⅱ＞Ⅷ＞Ⅲ＞Ⅰ,底基层底面拉应力越小,越能保证路面结构在设计年限内服务时间越长。所以,在 y_{m1}、y_{m2}、y_{m3} 中选择最小值时底基层底面拉应力最小。因此,当 8 个路面结构影响因素分别为Ⅰ$_{iii}$、Ⅱ$_{ii}$、Ⅲ$_{ii}$、Ⅳ$_{iii}$、Ⅴ$_{i}$、Ⅵ$_{ii}$、Ⅶ$_{iii}$、Ⅷ$_{ii}$ 的水平组合时,路面结构底基层底面拉应力最小。

通过对路面各结构层不同影响因素作用下路面结构土基受力影响的正交方案进行极差分析计算,得到土基顶面受力结果,见表 4-15。

路面结构土基顶面压应力的极差计算结果　　　　表 4-15

Y_{m1}	0.18914	0.17529	0.16955	0.16979	0.17901	0.18033	0.16636	0.16054
Y_{m2}	0.14730	0.15818	0.16434	0.15816	0.15682	0.15671	0.15510	0.16862
Y_{m3}	0.14922	0.15289	0.15247	0.15839	0.15863	0.15936	0.16484	0.15720
y_{m1}	0.02102	0.01498	0.01883	0.01887	0.01899	0.01903	0.01849	0.01774
y_{m2}	0.01637	0.01758	0.01826	0.01758	0.01740	0.01743	0.01724	0.01885
y_{m3}	0.01665	0.01698	0.01694	0.01760	0.01762	0.01698	0.01832	0.01747
极差	0.00465	0.00249	0.00190	0.00125	0.00156	0.00164	0.00129	0.00527
顺序	Ⅷ＞Ⅰ＞Ⅱ＞Ⅲ＞Ⅴ＞Ⅵ＞Ⅶ＞Ⅳ							
优水平	Ⅰ$_{ii}$	Ⅱ$_{iii}$	Ⅲ$_{iii}$	Ⅳ$_{ii}$	Ⅴ$_{ii}$	Ⅵ$_{ii}$	Ⅶ$_{ii}$	Ⅷ$_{iii}$
优组合	Ⅰ$_{ii}$、Ⅱ$_{iii}$、Ⅲ$_{iii}$、Ⅳ$_{ii}$、Ⅴ$_{ii}$、Ⅵ$_{ii}$、Ⅶ$_{ii}$、Ⅷ$_{iii}$							

由表 4-15 可知,极差分析中以路面结构土基顶面压应力为计算指标时,路面结构各影响因素对土基顶面压应力的影响因素顺序为Ⅷ＞Ⅰ＞Ⅱ＞Ⅲ＞Ⅴ＞Ⅵ＞Ⅶ＞Ⅳ,土基顶面压应力越小,越能保证路面结构在设计年限内服务时间越长。所以,在 y_{m1}、y_{m2}、y_{m3} 中选择最小值时土基顶面压应力最小。因此,当 8 个路面结构影响因素分别为Ⅰ$_{ii}$、Ⅱ$_{iii}$、Ⅲ$_{iii}$、Ⅳ$_{ii}$、

V_{ii}、VI_{ii}、VII_{ii}、VIII_{iii}组合时,路面结构土基顶面压应力最小。

方差分析试验结果通过设置误差列将不同的试验结果分解成由误差导致的结果差异和由因素水平导致的结果差异,通过方差分析可判断出对路面结构受力影响因素的显著性程度,通过对各影响因素的显著性程度严格加以控制,以确保试验精度。极差分析通过对试验结果影响因素的分析,反映各影响因素的不同水平对路面各结构层受力的影响,从而确定影响试验结果的主要因素及次要因素,得出不同因素水平下的优组合,两者相互结合即可得到各影响因素不同水平下的最优组合。在工程实际和力学计算中,为使路面结构层各层拉(压)应力在合理范围内,应控制对各层层底拉(压)应力影响显著的结构参数,确保路面结构正常使用年限更长。

综合上述分析,按照法国标准,以路面各结构层底面拉(压)应力为指标时,把路面结构受力影响的各因素设计 27 组不同的正交试验方案,求出计算结果,进而得到影响路面各结构层受力的显著性因素及排序。结合工程实际情况及设计书,确定依托工程路面各结构层参数为磨耗层及联结层厚度(8cm)、磨耗层及联结层模量(2600MPa)、基层厚度(16cm)、基层模量(1800MPa)、底基层厚度(18cm)、底基层模量(800MPa)、土基模量(75MPa)。

4.4 路面结构力学性能分析

法国公路协会规定标准路面结构力学性能的评价指标为路表弯沉值、各路面结构层拉(压)应变。通过分析影响路面结构力学性能评价指标的因素变化规律,确定有利于各个评价指标的厚度和模量,从而进一步控制各因素的变化范围,为更好地推荐路面合理结构提供指导。

4.4.1 路面结构力学整体评价

路表设计弯沉值是车轮荷载作用下路面表面产生的垂直变形值,是路面厚度计算的主要指标。

路表设计弯沉值计算公式见式(4-6)。

$$l_d = 600 N_e^{-0.2} \times A_c \times A_s \times A_b \tag{4-6}$$

式中:l_d——设计弯沉值(0.01mm);

N_e——设计年限内一个车道累计当量标准轴载通行次数;

A_c——公路等级系数,一般取值为 1.0;

A_s——磨耗层及联结层类型系数,沥青混凝土磨耗层及联结层为 1.0;

A_b——路面结构类型系数,半刚性基层沥青路面为 1.0。

取该公路设计书中未来的年趋交通量一个车道内累计当量标准轴载通行次数预测值。由式(4-6)得到该公路的路表弯沉的设计值为 50.86。

为分析路面结构影响因素在不同荷载作用、不同指标下路表弯沉值的变化规律,通过改变路面结构影响因素,可对计算结果进行分析。路表弯沉值随磨耗层及联结层厚度变化如

图 4-9 所示。

由图 4-9 可知,路表弯沉值在同一荷载下随着磨耗层及联结层厚度的增加而减小,同一磨耗层及联结层厚度下荷载越大路表弯沉值越大,且随着荷载的增大,路表弯沉值减小速率加快。标准荷载及 50% 超载率时,路表弯沉的计算值小于设计路表弯沉值。路表弯沉值(0.01mm)在各荷载下随磨耗层及联结层厚度变化范围为:130kN 时,43.21 ~ 39.60;195kN 时,53.71 ~ 46.69;260kN 时,61.79 ~ 52.32。

路表弯沉值随磨耗层及联结层模量变化如图 4-10 所示。

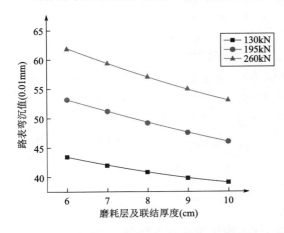

图 4-9　路表弯沉值随磨耗层及联结层厚度变化图　　图 4-10　路表弯沉值随磨耗层及联结层模量变化图

由图 4-10 可知,路表弯沉值在同一荷载下随着磨耗层及联结层模量的增加而减小,同一磨耗层及联结层模量下荷载越大路表弯沉值越大,且随着荷载变大路表弯沉的计算值减小速率加快。标准荷载和其余两种超载情况下路表弯沉的计算值仍小于设计路表弯沉值。路表弯沉值(0.01mm)在各荷载下随磨耗层及联结层模量变化范围为:130kN 时,30.19 ~ 21.69;195kN 时,39.79 ~ 25.61;260kN 时,53.51 ~ 36.28。

路表弯沉值随基层厚度变化如图 4-11 所示。

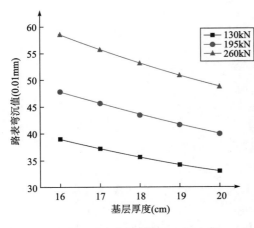

图 4-11　路表弯沉值随基层厚度变化图

由图 4-11 可知,路表弯沉值在同一荷载下随着基层厚度的增加而减小,且路表弯沉值减小的速率随着荷载的增大接近相同,同一基层厚度下荷载越大路表弯沉值越大。标准荷载及 50% 超载率时,路表的弯沉计算值小于路表设计弯沉值。路表弯沉值(0.01mm)在各荷载下随基层厚度变化范围为:130kN 时,38.19 ~ 33.61;195kN 时,48.22 ~ 40.68;260kN 时,59.20 ~ 48.29。

路表弯沉值随基层模量变化如图 4-12 所示。

由图 4-12 可知,路表弯沉值在同一荷载下随着基层模量的增加而减小,且路表弯沉值减小的速率随着荷载的增大接近相同,同一基层模量下荷载越大路表弯沉值越大。标准荷载及 100% 超载率时,路表的弯沉计算值小于路表设计弯沉值。路表弯沉值(0.01mm)在各荷载下随着基层模量变化范围为:130kN 时,31.58~23.82;195kN 时,40.60~33.02;260kN 时,51.21~42.82。

路表弯沉值随底基层厚度变化如图 4-13 所示。

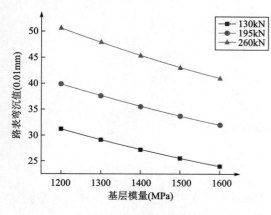

图 4-12　路表弯沉值随基层模量变化图

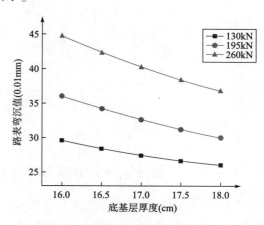

图 4-13　路表弯沉值随底基层厚度变化图

由图 4-13 可知,路表弯沉值在同一荷载下随着底基层厚度的增加而减小,同一底基层厚度下荷载越大路表弯沉值越大,且路表弯沉值减小的速率随着荷载的增大而加快。路表弯沉值(0.01mm)在各荷载下随底基层厚度变化范围为:130kN 时,29.80~25.93;195kN 时,36.19~30.51;260kN 时,44.69~37.92。

路表弯沉值随底基层模量变化如图 4-14 所示。

由图 4-14 可知,路表弯沉值在同一荷载下随着底基层模量的增加而减小,同一底基层模量下荷载越大路表弯沉值越大,且路表弯沉值减小的速率随着荷载的增大而加快。标准荷载及 100% 超载率时,路表弯沉的计算值小于路表设计弯沉值。路表弯沉值(0.01mm)在各荷载下随底基层模量变化范围为:130kN 时,32.51~25.19;195kN 时,41.68~34.91;260kN 时,54.00~45.86。

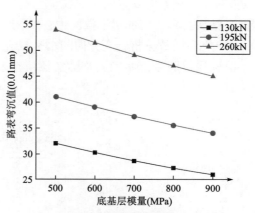

图 4-14　路表弯沉值随底基层模量变化图

路表弯沉值随土基模量变化如图 4-15 所示。

由图 4-15 可知,路表弯沉值在同一荷载下随着土基模量的增加而减小,同一土基模量下荷载越大路表弯沉值越大,且路表弯沉值减小的速率随着荷载的增大而变慢。标准荷载及 100% 超载率时,路表弯沉的计算值小于路表设计弯沉值。路表弯沉值(0.01mm)在各荷载下随土基模量变化范围为:130kN 时,24.64~20.45;195kN 时,30.52~27.23;260kN 时,39.15~36.86。

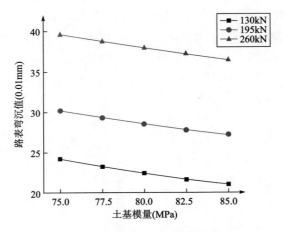

图 4-15　路表弯沉值随土基模量变化图

4.4.2　路面各结构层结构力学评价

路面各结构层力学评价指标为路面各结构层底面水平应力和水平应变。通过改变路面结构受力影响因素,可分析路面各结构层层底水平拉应力、拉应变的变化规律。

1) 磨耗层及联结层力学评价

路面磨耗层及联结层结构力学评价指标为磨耗层及联结层底面水平拉应力(水平拉应变)。磨耗层及联结层底面水平拉应力(水平拉应变)分为行车方向的水平拉应力(水平拉应变)和与行车方向垂直的水平拉应力(水平拉应变)。经比较,相同条件下路面结构磨耗层及联结层行车方向的水平拉应力(水平拉应变)始终大于与行车方向垂直的水平拉应力(水平拉应变),故分析行车方向的水平拉应力(水平拉应变)变化规律即可。

磨耗层及联结层底面拉应力、拉应变在磨耗层及联结层厚度影响下的变化规律如图 4-16 所示。

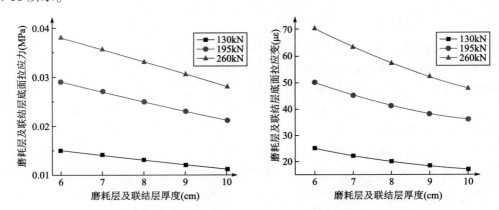

图 4-16　磨耗层及联结层底面拉应力、拉应变在磨耗层及联结层厚度影响下的变化规律

由图 4-16 可知,同一荷载下随着磨耗层及联结层厚度的增加,磨耗层及联结层底面沿

行车方向的拉应力(拉应变)均减小。磨耗层及联结层底面的拉应力在不同荷载下均减小25%左右,随着荷载增大其减小率加快;磨耗层及联结层底面的拉应变在不同荷载下均减小30%左右,当荷载为260kN时,拉应变减小率最大为33%。为使路面磨耗层及联结层结构不至于过早破坏,控制磨耗层及结层底面拉应力(拉应变),应选取合理范围内较大的磨耗层及联结层厚度。

磨耗层及联结层底面拉应力、拉应变在磨耗层及联结层模量影响下的变化规律如图4-17所示。

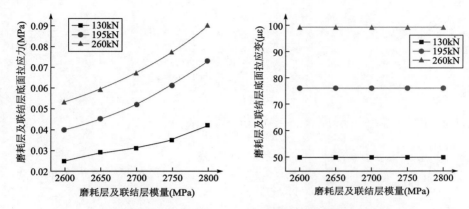

图4-17　磨耗层及联结层底面拉应力、拉应变在磨耗层及联结层模量影响下的变化规律

由图4-17可知,磨耗层及联结层底面沿行车方向的拉应力在同一荷载下随着磨耗层及联结层模量的增加而增大,且最终增大率均超过68%,尤其当磨耗层及联结层模量为2750MPa时,磨耗层及联结层底面拉应力在不同荷载下增大速率最大,其他条件相同时,磨耗层及联结层底面拉应力随着荷载增大而增大;磨耗层及联结层底面的拉应变在同一荷载下随着磨耗层及联结层模量的增大几乎没有改变。为使路面磨耗层及联结层结构延长使用年限,控制磨耗层及联结层底面拉应力(拉应变),应选取合理范围内较小的磨耗层及联结层模量。

磨耗层及联结层底面拉应力、拉应变在基层厚度影响下的变化规律如图4-18所示。

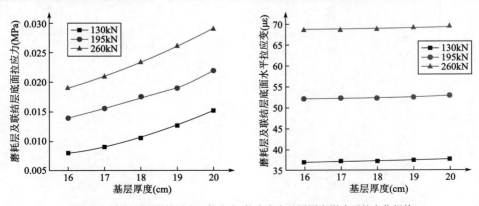

图4-18　磨耗层及联结层底面拉应力、拉应变在基层厚度影响下的变化规律

由图4-18可知,磨耗层及联结层底面沿行车方向的拉应力在同一荷载下随着路面结构基层厚度的增加而增大,且在其他条件一定时,荷载越大磨耗层及联结层底面拉应力越大,当磨耗层及联结层底面的拉应力在130kN荷载时增大率为59%;磨耗层及联结层底面的拉应变在同一荷载下随着路面结构基层厚度的增加基本保持平稳不变,基层厚度一定时,荷载越大磨耗层及联结层底面拉应变增大。为使路面磨耗层及联结层结构不至于过早破坏,控制磨耗层及联结层层底面拉应力(拉应变),应选取合理范围内较大的基层厚度。

磨耗层及联结层底面拉应力、拉应变在基层模量影响下的变化规律如图4-19所示。

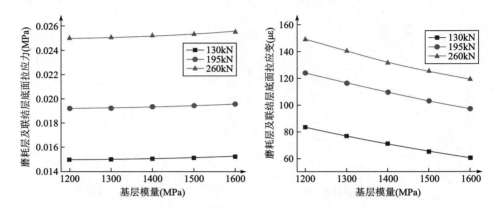

图4-19 磨耗层及联结层底面拉应力、拉应变在基层模量影响下的变化规律

由图4-19可知,磨耗层及联结层底面沿行车方向的拉应力在同一荷载下随着路面结构基层模量的增加基本保持平稳不变,在其他条件一定时,磨耗层及联结层底面拉应力随着荷载增大而增大;磨耗层及联结层底面拉应变在同一荷载下随着基层模量的增加而减小,当磨耗层及联结层底面的拉应变在130kN荷载时减小率最大为31%,随着荷载增大其减小幅度减慢。为使路面磨耗层及联结层结构不至于过早破坏,控制磨耗层及联结层底面拉应力(拉应变),应选取合理范围内较大的基层模量。

磨耗层及联结层底面拉应力、拉应变在底基层厚度影响下的变化规律如图4-20所示。

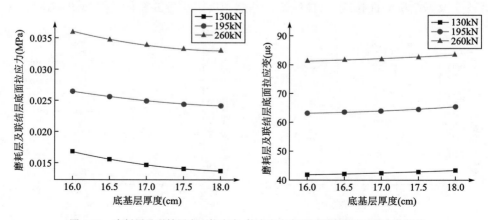

图4-20 磨耗层及联结层底面拉应力、拉应变在底基层厚度影响下的变化规律

由图 4-20 可知,磨耗层及联结层底面沿行车方向的拉应力在同一荷载下随着路面结构底基层厚度的增加而逐渐减小,但减小幅度不大。磨耗层及联结层底面的拉应力在 130kN 荷载时减小率为 20%,随着荷载增大其减小幅度变小,在其他条件一定时,荷载越大磨耗层及联结层底面拉应力越大;磨耗层及联结层底面的拉应变在同一荷载下基本保持平稳不变,在其他条件一定时,磨耗层及联结层底面拉应变随着荷载增大而增大。为使路面结构磨耗层及联结层不至于过早破坏,控制磨耗层及联结层底面拉应力(拉应变),应选取合理范围内较大的底基层厚度。

磨耗层及联结层底面拉应力、拉应变在底基层模量影响下的变化规律如图 4-21 所示。

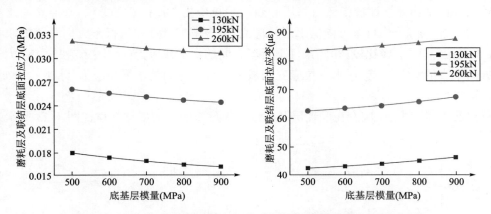

图 4-21　磨耗层及联结层底面拉应力、拉应变在底基层模量影响下的变化规律

由图 4-21 可知,磨耗层及联结层底面沿行车方向的拉应力在同一荷载下随着路面结构底基层模量的增加而逐渐减小。磨耗层及联结层底面拉应力在 130kN 时减小幅度最大为 20%,不同荷载作用下磨耗层及联结层底面拉应力随着荷载增大而增大;磨耗层及联结层底面拉应变在同一荷载下随着底基层模量的增加而增大,且其增大率在荷载为 260kN 时最大为 22%。为使路面磨耗层及联结层结构不至于过早破坏,控制磨耗层及联结层底面拉应力(拉应变),应选取合理范围内较小的底基层模量。

磨耗层及联结层底面拉应力、拉应变在土基模量影响下的变化规律如图 4-22 所示。

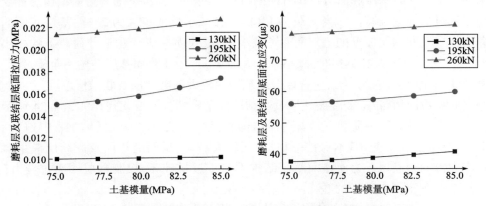

图 4-22　磨耗层及联结层底面拉应力、拉应变在土基模量影响下的变化规律

由图4-22可知,磨耗层及联结层底面沿行车方向的拉应力在同一荷载下随着路面结构土基模量的增加逐渐增大,但增大幅度很小。当磨耗层及联结层底面的拉应力在260kN荷载时增大率最大仅为6%,磨耗层及联结层底面拉应力在130kN荷载时基本保持不变;磨耗层及联结层底面的拉应变随着荷载增大而逐渐增大,但其增大幅度很小。为使路面磨耗层及联结层结构不至于过早破坏,控制磨耗层及联结层底面拉应力(拉应变),应选取合理范围内较小的土基模量。

2)路面结构基层力学评价

路面基层结构力学评价指标为基层底面水平拉应力(水平拉应变)。基层底面水平拉应力(水平拉应变)分为行车方向的水平拉应力(水平拉应变)和与行车方向垂直的水平拉应力(水平拉应变)。经比较,相同条件下行车方向的水平拉应力(水平拉应变)始终大于与行车方向垂直的水平拉应力(水平拉应变),故分析行车方向的水平拉应力(水平拉应变)变化规律即可。

基层底面拉应力、拉应变在磨耗层及联结层厚度影响下的变化规律如图4-23所示。

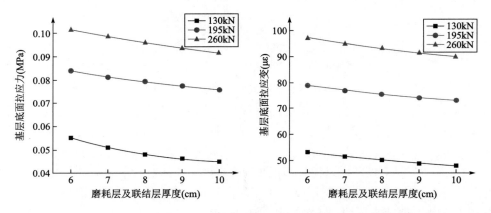

图4-23 基层底面拉应力、拉应变在磨耗层及联结层厚度影响下的变化规律

由图4-23可知,基层底面沿行车方向的拉应力在同一荷载下随着路面结构磨耗层及联结层厚度的增加而逐渐减小。当荷载为130kN时,减小幅度最大为23%;基层底面的拉应变随着磨耗层及联结层厚度的增加而逐渐减小;基层底面拉应变在三种荷载下的减小率均为8%左右,其中荷载为130kN时,减小率最大为9%。为使路面基层结构不至于过早破坏,控制基层底面拉应力(拉应变),应选取合理范围内较大的磨耗层及联结层厚度。

基层底面拉应力、拉应变在磨耗层及联结层模量影响下的变化规律如图4-24所示。

由图4-24可知,同一荷载下随着路面结构磨耗层及联结层模量的增加,基层底面沿行车方向的拉应力(拉应变)基本保持平稳,并无较大波动,说明磨耗层及联结层模量对基层底面拉应力影响不显著。为使路面基层结构不至于过早破坏,控制基层底面拉应力(拉应变),应选取合理范围内适宜的磨耗层及联结层模量。

基层底面拉应力、拉应变在基层厚度影响下的变化规律如图4-25所示。

第4章 基于法国标准的路面结构受力影响分析

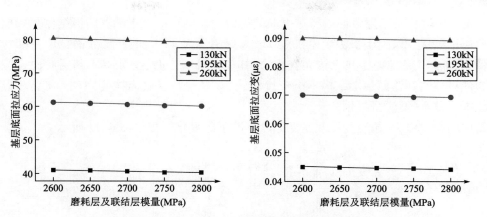

图 4-24 基层底面拉应力、拉应变在磨耗层及联结层模量影响下的变化规律

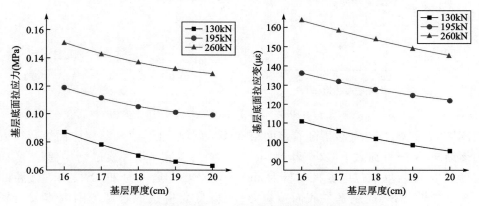

图 4-25 基层底面拉应力、拉应变在基层厚度影响下的变化规律

由图 4-25 可知,同一荷载下随着路面结构基层厚度的增加,基层底面沿行车方向的拉应力逐渐减小,荷载为 130kN 时减小率最大为 26.8%;随着基层厚度增加,基层底面的拉应变逐渐减小,基层底面拉应变在荷载为 130kN 时减小率最大为 14%。为使路面基层结构不至于过早破坏,控制基层底面拉应力(拉应变),应选取合理范围内较大的基层厚度。

基层底面拉应力、拉应变在基层模量影响下的变化规律如图 4-26 所示。

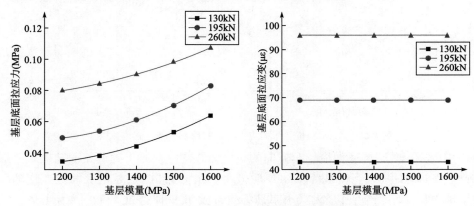

图 4-26 基层底面拉应力、拉应变在基层模量影响下的变化规律

由图 4-26 可知,基层底面沿行车方向的拉应力在同一荷载下随着路面结构基层模量的增加而逐渐增大,其中当荷载为 130kN 时增大率最大为 45%;而基层底面拉应变随着基层模量的增加基本保持平稳并无较大变化,在其他条件一定时,荷载越大基层底面拉应变越大。为使科特迪瓦路面基层结构不至于过早破坏,控制基层底面拉应力(拉应变),应选取合理范围内较小的基层模量。

基层底面拉应力、拉应变在底基层厚度影响下的变化规律如图 4-27 所示。

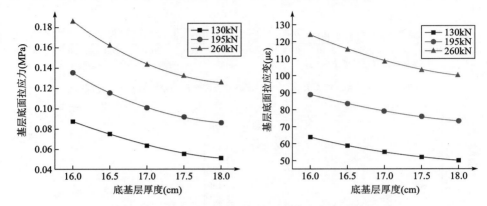

图 4-27　基层底面拉应力、拉应变在底基层厚度影响下的变化规律

由图 4-27 可知,同一荷载下随着路面结构底基层厚度的增加,基层底面沿行车方向的拉应力逐渐减小,三种荷载下减小率均为 40% 左右;随着底基层厚度的增加,基层底面的拉应变逐渐减小,基层底面拉应变在荷载为 260kN 时减小率最大为 23.08%。为使路面基层结构不至于过早破坏,控制基层底面拉应力(拉应变),应选取合理范围内较大的底基层厚度。

基层底面拉应力、拉应变在底基层模量影响下的变化规律如图 4-28 所示。

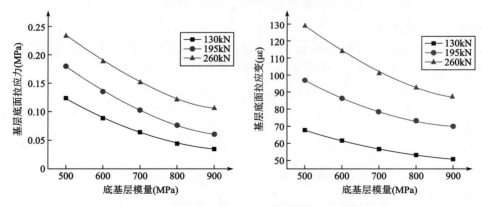

图 4-28　基层底面拉应力、拉应变在底基层模量影响下的变化规律

由图 4-28 可知,基层底面沿行车方向的拉应力在同一荷载下随着路面结构底基层模量的增加而逐渐减小,其中当荷载为 130kN 时减小率最大为 76%;基层底面拉应变随着基层模量的增加也呈减小趋势,其最大减小率是荷载为 260kN 时的 29.23%。为使路面基层结

构不至于过早破坏,控制基层底面拉应力(拉应变),应选取合理范围内较大的底基层模量。

基层底面拉应力、拉应变在土基模量影响下的变化规律如图4-29所示。

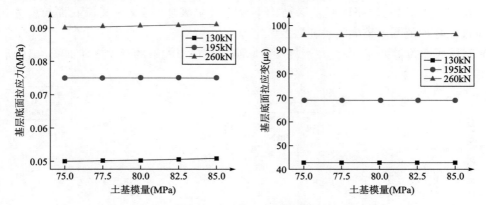

图4-29　基层底面拉应力、拉应变在土基模量影响下的变化规律

由图4-29可知,基层底面沿行车方向的拉应力(拉应变)在同一荷载下随着路面结构土基模量的增加基本保持平稳无波动,表明土基模量大小对基层底面拉应力(拉应变)无显著影响。为使路面基层结构不至于过早破坏,控制基层底面拉应力(拉应变),土基模量大小在合理范围内可不予考虑。

3)路面结构底基层力学评价

路面底基层结构力学评价指标为底基层底面水平拉应力(水平拉应变)。底基层底面水平拉应力(水平拉应变)分为行车方向的水平拉应力(水平拉应变)和与行车方向垂直的水平拉应力(水平拉应变)。经比较,相同条件下行车方向的水平拉应力(水平拉应变)始终大于与行车方向垂直的水平拉应力(水平拉应变),故分析行车方向的水平拉应力(水平拉应变)变化规律即可。

底基层底面拉应力、拉应变在磨耗层及联结层厚度影响下的变化规律如图4-30所示。

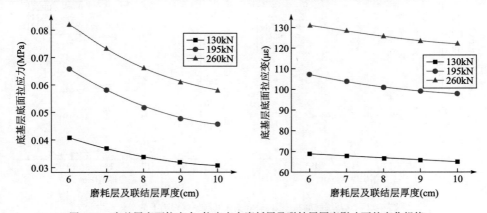

图4-30　底基层底面拉应力、拉应变在磨耗层及联结层厚度影响下的变化规律

由图 4-30 可知,底基层底面沿行车方向的拉应力在同一荷载下随着路面结构磨耗层及联结层厚度的增加而逐渐减小,荷载为 260kN 时减小率最大为 31.9%;底基层底面的拉应变随着磨耗层及联结层厚度的增加也逐渐减小,但底基层底面拉应变在三种荷载下的减小率均为 6.9% 左右。为使路面底基层结构不至于过早破坏,控制底基层底面拉应力(拉应变),应选取合理范围内较大的磨耗层及联结厚度。

底基层底面拉应力、拉应变在磨耗层及联结层模量影响下的变化规律如图 4-31 所示。

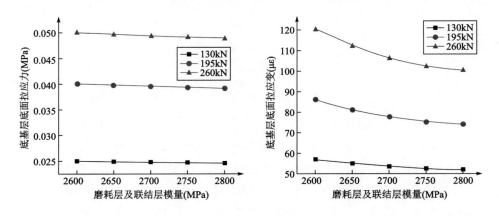

图 4-31　底基层底面拉应力、拉应变在磨耗层及联结层模量影响下的变化规律

由图 4-31 可知,底基层底面沿行车方向的拉应力在同一荷载下随着路面结构磨耗层及联结层模量的增加而逐渐减小,三种车辆荷载作用下减小率均为 2% 左右,在其他条件一定时,底基层底面拉应力随着荷载增加而增大;同一荷载下,底基层底面拉应变随着磨耗层及联结层模量的增大而减小,当荷载为 260kN 时减小率最大为 15.02%。为使路面底基层结构不至于过早破坏,控制底基层底面拉应力(拉应变),应选取合理范围内较大的磨耗层及联结层模量。

底基层底面拉应力、拉应变在基层厚度影响下的变化规律如图 4-32 所示。

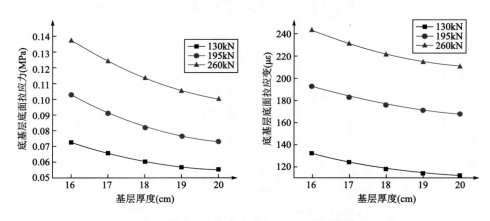

图 4-32　底基层底面拉应力、拉应变在基层厚度影响下的变化规律

由图 4-32 可知,底基层底面沿行车方向的拉应力在同一荷载下随着路面结构基层厚度的增加而逐渐减小,且减小速度越来越大,当荷载为 260kN 时最大减小率为 16.7%;底基层底面的拉应变随着基层厚度的增加也逐渐减小,基层底面拉应变在三种荷载作用下的减小率均为 6.8% 左右,在其他条件一定时,荷载越大底基层底面拉应变越大。为使路面底基层结构不至于过早破坏,控制底基层底面拉应力(拉应变),应选取合理范围内较大的基层厚度。

底基层底面拉应力、拉应变在基层模量影响下的变化规律如图 4-33 所示。

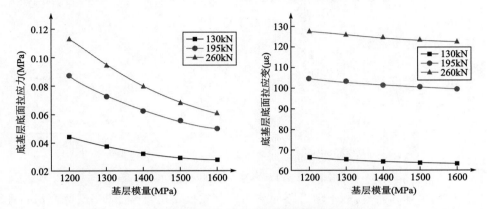

图 4-33　底基层底面拉应力、拉应变在基层模量影响下的变化规律

由图 4-33 可知,底基层底面沿行车方向的拉应力在同一荷载下随着路面结构基层模量的增加而逐渐减小,且随着荷载的增大,底基层底面拉应力的减小率越来越大,当荷载为 260kN 时最大减小率为 66.2%;同一荷载下底基层底面拉应变随着基层模量的增大而减小,三种荷载作用下减小幅度均为 4% 左右,在其他条件一定时,底基层底面拉应变随着荷载增大而增加。为使路面底基层结构不至于过早破坏,控制底基层底面拉应力(拉应变),应选取合理范围内较大的基层模量。

底基层底面拉应力、拉应变在底基层厚度影响下的变化规律如图 4-34 所示。

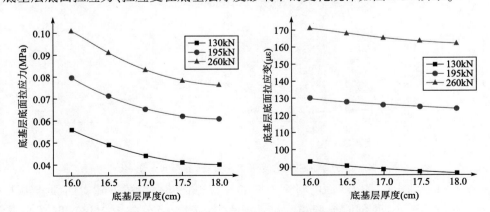

图 4-34　底基层底面拉应力、拉应变在底基层厚度影响下的变化规律

由图 4-34 可知,同一荷载下随着路面结构底基层厚度的增加,底基层底面沿行车方向

的拉应力逐渐减小,三种不同荷载作用下减小幅度均大约为24%;随着路面结构底基层厚度的增加,底基层底面的拉应变也逐渐减小,但三种不同荷载作用下减小幅度不大。为使路面底基层结构不至于过早破坏,控制底基层底面拉应力(拉应变),应选取合理范围内较大的底基层厚度。

底基层底面拉应力、拉应变在底基层模量影响下的变化规律如图4-35所示。

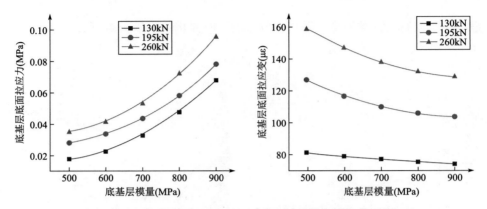

图4-35 底基层底面拉应力、拉应变在底基层模量影响下的变化规律

由图4-35可知,同一荷载下随着路面结构底基层模量的增加,底基层底面沿行车方向的拉应力逐渐增大,在三种不同荷载作用下其增大率均超过165%,尤其当荷载为130kN时增大率最大为198%;同一荷载下随着底基层模量的增大底基层底面拉应变逐渐减小,减小率均为14.2%左右。为使路面底基层结构不至于过早破坏,控制底基层底面拉应力(拉应变),应选取合理范围内较小的底基层模量。

底基层底面拉应力、拉应变在土基模量影响下的变化规律如图4-36所示。

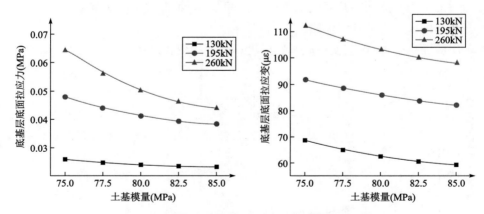

图4-36 底基层底面拉应力、拉应变在土基模量影响下的变化规律

由图4-36可知,底基层底面沿行车方向的拉应力在同一荷载下随着路面结构土基模量的增加而逐渐减小,且随着荷载增大减小率越来越大,当荷载为260kN时减小率最大为25.3%;底基层底面的拉应变随着土基模量的增加也逐渐减小,且三种荷载作用下减

小率均为7%左右,在其他条件一定时,荷载越大底基层底面拉应变越大。为使路面底基层结构不至于过早破坏,控制底基层底面拉应力(拉应变),应选取合理范围内较大的土基模量。

4)路面结构土基顶面力学评价

路面结构土基顶面结构力学评价指标为土基顶面水平压应力和水平压应变。由于土基顶面的水平压应力值特别小且变化几乎保持平稳无波动,故评价指标为土基顶面压应变。土基顶面水平压应变分为行车方向的水平压应变和与行车方向垂直的水平压应变。经比较,相同条件下行车方向的水平压应变始终大于与行车方向垂直的水平压应变,故分析行车方向的水平压应变变化规律即可。

土基顶面压应变在磨耗层及联结层厚度、模量影响下的变化规律如图4-37所示。

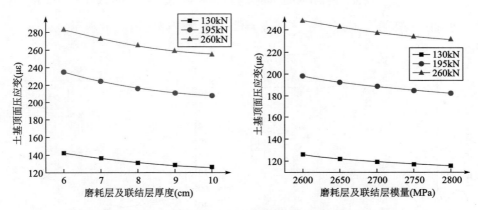

图4-37 土基顶面压应变在磨耗层及联结层厚度、模量影响下的变化规律

由图4-37可知,土基顶面沿行车方向的压应变在同一荷载下随着路面结构磨耗层及联结层厚度的增加而逐渐减小,且三种不同荷载作用下土基顶面压应变减小率均为10%左右,当荷载为130kN时减小率最大为12%,在其他条件一定时,荷载越大土基顶面沿行车方向的压应变越大。为使路面结构土基顶面不至于过早破坏,控制土基顶面压应变,应选取合理范围内较大的磨耗层及联结层厚度。土基顶面沿行车方向的拉应变在同一荷载下随着磨耗层及联结层模量的增加而逐渐减小,且减小率均为8%左右,在其他条件一定时,荷载越大,土基顶面沿行车方向的压应变越大。为使路面结构土基顶面不至于过早破坏,控制土基顶面拉应变,应选取合理范围内较大的磨耗层及联结层模量。

土基顶面压应变在基层厚度、模量影响下的变化规律如图4-38所示。

由图4-38可知,土基顶面沿行车方向的拉应变在同一荷载下随着路面结构基层厚度的增加而逐渐减小,且随着荷载增大减小率越来越小,当荷载为130kN时减小率最大为30.5%。为使路面结构土基顶面不至于过早破坏,控制土基顶面拉应变,应选取合理范围内较大的磨耗层及联结层厚度。在同一荷载下,随着基层模量的增加,土基顶面沿行车方向的拉应变逐渐减小且减小率均为5%左右,当荷载为260kN时减小率最大为7.1%。为使路面结构土基顶面不至于过早破坏,控制土基顶面拉应变,应选取合理范围内较大的基层模量。

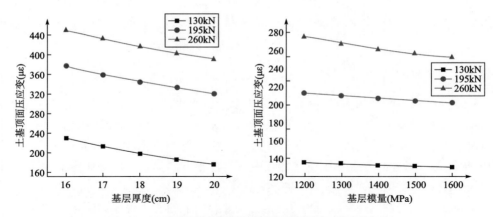

图4-38　土基顶面压应变在基层厚度、模量影响下的变化规律

土基顶面压应变在底基层厚度、模量影响下的变化规律如图4-39所示。

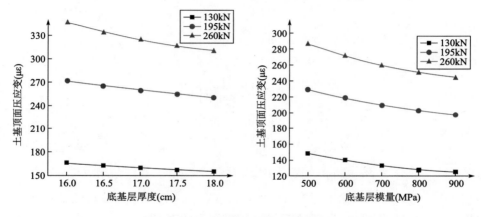

图4-39　土基顶面压应变在底基层厚度、模量影响下的变化规律

由图4-39可知,土基顶面沿行车方向的压应变在同一荷载下随着路面结构底基层厚度的增加而逐渐减小,减小率随着荷载的增大而逐渐增大,当荷载为260kN时减小率最大为10.4%。为使路面结构土基顶面不至于过早破坏,控制土基顶面拉应变,应选取合理范围内较大的底基层厚度。在同一荷载下随着底基层模量的增加,土基顶面沿行车方向的拉应变逐渐减小,且减小率均为15%左右,在其他条件一定时,土基顶面压应变随着荷载增大而变大。为使路面结构土基顶面不至于过早破坏,控制土基顶面拉应变,应选取合理范围内较大的底基层模量。

土基顶面压应变在土基模量影响下的变化规律如图4-40所示。

由图4-40可知,土基顶面沿行车方向的压应变在同一荷载下随着路面结构土基模量的增加而逐渐减小,当荷载为130kN时减小率最大为16.7%。在其他条件一定时,土基顶面压应变随着荷载增大而增大。为使路面结构土基顶面不至于过早破坏,控制土基顶面压应变,应选取合理范围内较大的土基模量。

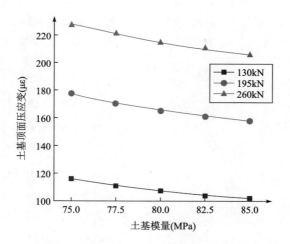

图 4-40　土基顶面压应变在土基模量影响下的变化规律

4.5 特殊环境因素分析及路面适应性结构

4.5.1 特殊环境对路面结构损伤研究

科特迪瓦地处赤道附近，大多数地区年平均温度 26~30℃，2~4 月气温最高，平均为 26~34℃，8 月气温最低，平均气温为 22~26℃，月平均温差 5℃ 左右。其中，10 月至次年 5 月为旱季，盛行自北向南干燥凉爽的哈麦丹风；6~9 月为雨季，年平均降雨量为 1150~1400mm。

1) 高温环境对路面结构影响

影响路面结构的环境因素有很多，包括大气温度、太阳辐射、降雨量等，近年来国内外相关研究表明，影响路面材料使用性能最为关键的因素是大气温度。大气温度直接作用于路面结构沥青材料磨耗层及联结层，沥青混合料对大气温度较为敏感。路面结构中常见的路面损伤现象主要表现为车辙病害，国内外研究发现，路面车辙是由于车辆荷载重复作用以及大气温度对路面的影响，导致磨耗层及联结层材料模量衰减，从而使磨耗层及联结层抗剪强度降低，进一步影响路面结构使用性能。

由于科特迪瓦地处赤道附近，其温度常年在 20℃ 以上，故本书只研究高温情况对路面结构的影响。根据科特迪瓦气象资料，得到其 2~4 月（较高温度）中四个代表性时间的一周内平均温度，见表 4-16。

科特迪瓦 2~4 月平均温度　　　　表 4-16

代表性时间	2:00	8:00	14:00	20:00
平均温度	22℃	32℃	39℃	36℃

由表 4-16 可知,科特迪瓦最高气温为 39℃,国内外研究发现车辙最大深度一般不超过 25cm,通过有限元软件模拟计算,分别得到在大气温度为 39℃和科特迪瓦平均气温为 25℃时,随着路表深度 25cm 以内各结构层的拉应力和剪应力。大气温度影响下沿路表深度方向的拉应力、剪应力如图 4-41 所示。

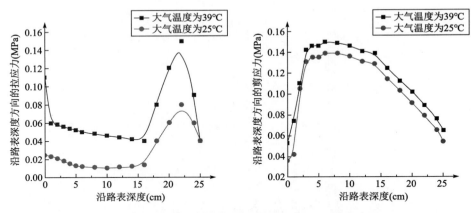

图 4-41　大气温度影响下沿路表深度方向的拉应力、剪应力

由图 4-41 可知,在大气温度影响下,沿路表深度不同位置,39℃时沿行车方向的水平拉应力始终小于 25℃时的水平拉应力,在磨耗层及联结层(0~6cm)沿路表深度方向的拉应力逐渐减小。两者在 6~16cm 范围内,沿行车方向拉应力基本保持不变,在 16~22cm 范围内,行车方向的拉应力大幅度增加直至基层底面拉应力均达到峰值,25℃时的最大拉应力为 0.078MPa,39℃时的最大拉应力为 0.137MPa。在大气温度影响下,沿着路表深度不同位置,39℃时产生的剪应力始终大于 25℃时产生的剪应力,在磨耗层及联结层(0~6cm)剪应力增加幅度较大,两者在车辆荷载及温度共同作用下均在磨耗层及联结层底面产生最大剪应力,39℃时的最大剪应力为 0.149MPa,25℃时的最大拉应力为 0.136MPa,在路面结构基层中(6~25cm),剪应力沿着路表深度不断减小。因此,当温度上升时,路面结构磨耗层及联结层的拉应力有减小趋势,路面结构基层中拉应力先增大后减小;随着温度的升高,路面结构磨耗层及联结层的剪应力均增大且增大幅度达到 30%,路面结构基层的剪应力逐渐减小,39℃时的剪应力较相同条件下 25℃时的剪应力大。

美国将沥青以及沥青混合料建立在主要考虑温度的基础上分析沥青路面材料使用性能。通过建立气候数据库,收集大量气候资料,提出了由空气温度改为沥青面层材料温度,规定每一个等级必须适应当地的最高和最低设计温度的要求,其研究结果提出了空气温度和路表温度的换算公式:

$$T_{\text{sur}} = T_{\text{air}} - 0.00618 l_{\text{al}}^2 + 0.2289 l_{\text{al}} + 24.2 \tag{4-7}$$

$$T_{\text{d}} = T_{\text{sur}}(1 - 2.48 \times 10^{-3} d + 1.085 \times 10^{-5} d^2 - 2.441 \times 10^{-8} d^3) - 17.78 \tag{4-8}$$

式中:T_{sur}——沥青路面路表温度(℃);

T_{air}——大气温度(℃);

l_{al}——纬度(°),科特迪瓦在北纬7°;

T_d——路表面以下任意深度 d 处温度值(℃)。

结合式4-7、式4-8得到科特迪瓦地表最高温度位于路表面3.6cm处,位于路面结构磨耗层及联结层中,针对科特迪瓦特殊高温环境,在选取路面磨耗层及联结层材料时,应在经济合理范围内选取耐高温性能材料或者在路面结构磨耗层及联结层施工过程中添加抗车辙剂以防止高温导致路面磨耗层及联结层材料破坏,防止路面产生损伤,减少路面使用寿命。

2) 降水量对路面结构影响

国内外研究发现,降水对路面结构损伤影响很大,降水透过沥青层,使路面各结构层产生早期破坏的现象屡见不鲜。当路面结构磨耗层及联结层沥青材料的空隙率大或路面结构未设置排水系统,在交通荷载的反复作用下将会导致路面结构磨耗层及联结层发生破坏进而使沥青路面结构损伤,严重时会产生松散、坑洞等水损害。

本节针对科特迪瓦雨季(6~9月),在磨耗层及联结层不同空隙率下降水量可能对路面造成的影响,通过 Geo Studio 系统仿真模拟软件,尽可能模拟路面结构磨耗层及联结层材料在不同空隙率(3%、3.5%、4%)下,降雨强度为3h(270mm/3h)的磨耗层、联结层、基层的体积含水率的变化情况。同时,对路面结构基层底部边缘设置排水系统与路面结构不设置排水系统进行对比。该公路为双向两车道,设计速度为100km/h。公路结构断面示意图如图4-42所示。

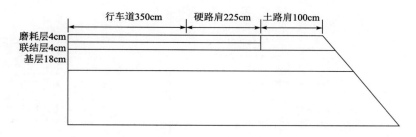

图4-42 公路结构断面示意图

由于降水及排水不及时可能会引起路面结构磨耗层、联结层、基层的破坏,导致进一步影响路面结构使用性能,降低路面使用寿命。因此,选择在路面结构行车道磨耗层及联结层底部边缘设置排水沟并使用排水管将积水排出路面结构,其中,排水沟根据当地降雨量参数设置为底部10cm×10cm,高度为40cm,排水管直径为14cm。公路边缘排水系统设置如图4-43所示。

通过该公路工程建设实际资料以及 Geo Studio 中参数设定,对公路工程进行降雨模拟,分析降雨过程(持续3h)中磨耗层、联结层、基层含水率的变化。通过分析路面结构磨耗层、联结层、基层体积含水率随时间的变化情况,可以得到降雨量对路面结构的影响。通过有限元软件得到该公路工程的降雨数值模型及划分网格图如图4-44所示。

不同空隙率(3%、3.5%、4%)及不同情况下(是否设置排水系统)路面结构磨耗层、联结层、基层体积含水率如图4-45所示。

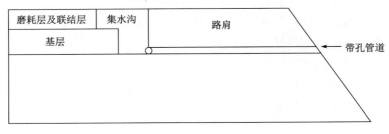

图 4-43　公路边缘排水系统

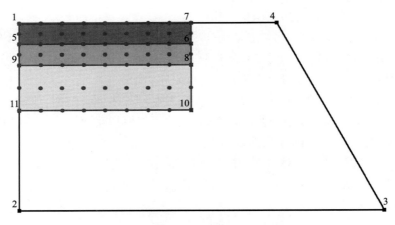

图 4-44　降雨数值模型及划分网格图

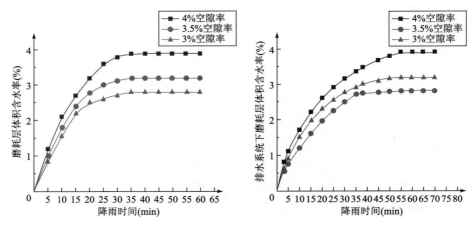

图 4-45　有无排水系统下路面结构磨耗层体积含水率

由图 4-45 可知,不论是否设置排水系统,路面结构磨耗层的体积含水率在降雨持续过程中随着磨耗层及联结层材料空隙率的增大而增大,4%空隙率下的材料体积含水率增幅最大,增速最快,最终均会达到稳定体积含水率。随着降雨过程进行,当没有设置排水系统时,路面结构磨耗层的体积含水率增长速度较快,在降雨持续大约 35min 后磨耗层体积含水率基本保持不变,稳定状态的体积含水率达到 3.8%左右;当设置排水系统时,磨耗层体积含水率在降雨持续大约 50min 后保持不变,且增长速度与不设置排水系统相比较为缓慢,在降雨开始 2.5min 前,由于磨耗层积水流入集水沟需要一定时间,所示在 2.5 分钟前设置排水系统和不设置排水系统磨耗层体积含水率增长速度基本一致,由于设置排水系统,2.5min 后设置排水系统的磨耗层体积含水率增速减缓。

有无排水系统下路面结构联结层体积含水率如图 4-46 所示。

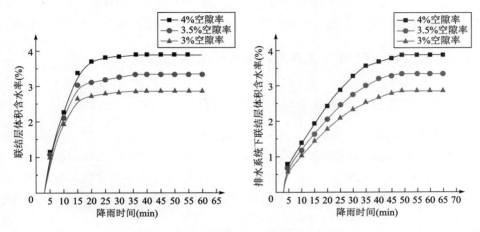

图 4-46　有无排水系统下路面结构联结层体积含水率

由图 4-46 可知,路面结构联结层含水率在降雨开始 2.8min 后存在,路面结构联结层的体积含水率大小随着磨耗层及联结层材料空隙率的增大而增大。随着降雨过程进行,联结层在没有设置排水系统时体积含水率增长速度较快,在降雨持续大约 35min 联结层体积含水率基本处于稳定状态;当设置排水系统时,联结层体积含水率在降雨持续大约 46min 后保持不变,且增长速度与不设置排水系统相比较为平缓,联结层体积含水率部分随着排水系统流出,部分自由漫流。

有无排水系统下路面结构基层体积含水率如图 4-47 所示。

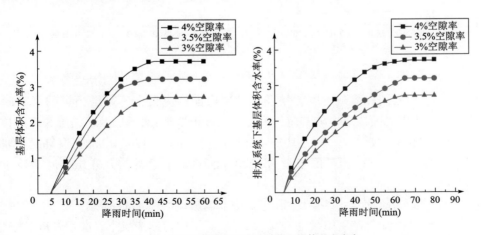

图 4-47　有无排水系统下路面结构基层体积含水率

由图 4-47 可知,路面结构基层体积含水率大约在降雨开始 4.6min 后存在,路面结构基层体积含水率在不设置排水系统时随着材料空隙率的增加而增大,在降雨 38min 后,基层体积含水率基本保持稳定状态;当设置排水系统时,路面结构基层含水率增长速度较为缓慢,在 62min 左右达到稳定状态。

综上所述,提出以下预防措施:

(1)磨耗层及联结层材料在经济合理范围内选择空隙率较小的材料类型;

(2)根据实际情况设置路面边缘排水系统使路面积水尽快排出。

4.5.2 改良红土粒料模量衰变对路面结构影响研究

1)改良红土粒料模量衰变对路面结构力学评价影响

基层模量结构参数对沥青磨耗层及联结层底面拉应力(拉应变)、基层底面拉应力(拉应变)影响较大,因此选取沥青磨耗层及联结层底面拉应力(拉应变)、基层底面拉应力(拉应变)为计算指标。为了探究改良红土粒料模量衰变对路面结构力学性能的影响,将改良红土粒料模量选择范围扩大后进行分析,法国标准规定半刚性基层模量至少≥800MPa,因此选取改良红土粒料模量范围为 800～2000MPa。

磨耗层及联结层底面应力、拉应变在基层模量衰减时对路面结构的影响如图 4-48 所示。

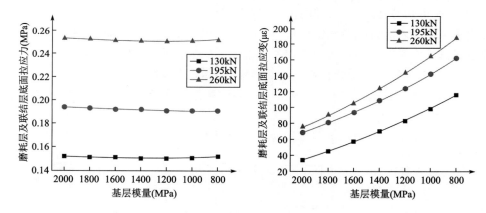

图 4-48　磨耗层及联结层底面应力、拉应变在基层模量衰减时对路面结构的影响

由图 4-48 可知,同一荷载下磨耗层及联结层底面拉应力由于基层模量的衰减影响较小,磨耗层及联结层底面拉应力随着荷载的增大而逐渐增加;磨耗层及联结层底面的拉应变随着基层模量的衰减而越来越大,尤其是当基层模量为 800～1200MPa 时,磨耗层及联结层底面拉应变增大约为 30%,当基层模量为 1200～2000MPa,磨耗层及联结层底面拉应变增大约为 70%。

基层模量衰减对路面结构基层底面应力、应变的影响如图 4-49 所示。

由图 4-49 可知,随着基层模量的衰减,基层底面拉应力逐渐减小且减小幅度越来越大,尤其当基层模量为 800～1200MPa 时,基层底面拉应变减小约为 25%,当基层模量为 1200～

2000MPa 时，基层底面拉应变减小约为 10%。基层模量的衰减对基层底面拉应变影响不够显著，随着基层模量的衰减，基层底面拉应变逐渐增大且增大幅度越来越大。

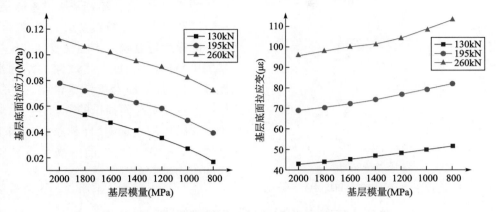

图 4-49　基层模量衰减对路面结构基层底面拉应力、拉应变的影响

2) 改良红土粒料模量衰变对路面结构疲劳寿命影响

目前，随着半刚性基层沥青路面的增多，国内外均对半刚性基层材料沥青路面的使用寿命进行研究分析，在路面疲劳性能分析中，以路面结构中最大拉应变作为主要指标。本书参照国外沥青路面设计方法，对半刚性路面结构层和沥青层建立疲劳预估模型，疲劳方程式如下：

沥青层底拉应变控制的疲劳方程式，见式(4-9)。

$$N_f = 1.54 \times 10^{-5} e^{0.027 VFA} E^{-1.32} \xi_1^{-4.05} \tag{4-9}$$

式中：N_f——沥青磨耗层及联结层的疲劳寿命(次)；
　　VFA——沥青饱和度(%)；
　　E——沥青混合料的模量(MPa)；
　　ξ_1——沥青磨耗层及联结层层底最大应变。

半刚性改良红土粒料基层层底拉应变控制的疲劳方程式，见式(4-10)。

$$N_{ce} = 0.0138 \times \left(\frac{\dfrac{0.113}{E^{0.804}} + 0.000191}{\xi_2} \right)^{12} \tag{4-10}$$

式中：N_{ce}——半刚性基层疲劳寿命(次)；
　　E——半刚性基层材料模量(MPa)；
　　ξ_2——半刚性基层层底最大拉应变。

将沥青磨耗层及联结层的最大拉应变和半刚性改良红土粒料基层的最大拉应变分别带入式(4-9)、式(4-10)中，求得不同模量下改良红土粒料做半刚性基层沥青磨耗层及联结层的疲劳寿命和半刚性改良红土粒料基层的疲劳寿命。

基层模量对磨耗层及联结层和基层疲劳寿命的影响如图 4-50 所示。

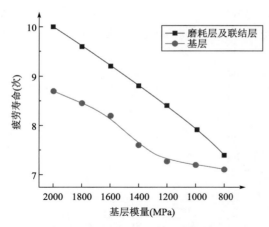

图 4-50 基层模量对磨耗层及联结层和基层疲劳寿命的影响

由图 4-50 可知,沥青磨耗层及联结层的疲劳寿命始终大于半刚性改良红土粒料基层的疲劳寿命,且随着基层模量的衰减,沥青层和改良红土粒料基层的疲劳寿命都会不同程度地衰减。半刚性改良红土粒料基层更易损伤,因此在选取路面结构半刚性基层材料时,应合理考虑半刚性基层材料模量衰变对路面损伤的可能性。针对依托工程的预测交通量,即使路面结构基层模量为 800MPa 时,也能够满足设计年限内的交通量需求。

基于路面结构受力影响和力学性能研究,并结合科特迪瓦特殊环境条件,依据该依托工程公路路面各结构层的影响参数,各结构层的应力应变影响程度大小及变化规律得出标准荷载、50% 超载情况、100% 超载情况下的路面适应性结构,见表 4-17。

公路路面适应性结构　　　表 4-17

路面结构影响参数	荷载模式		
	标准荷载(130kN)	超载 50%(195kN)	超载 100%(260kN)
磨耗层与联结层厚度(cm)	>6.0	>6.0	>9.0
磨耗层与联结层模量(MPa)	>2600	>2650	>2750
基层厚度(cm)	>16.0	>18.0	>19.0
基层模量(MPa)	>1200	>1300	>1500
底基层厚度(cm)	>16.0	>16.0	>17.5
底基层模量(MPa)	>500	>600	>800
土基模量(MPa)	>75.0	>75.0	>80.0

4.6　本章小结

(1)基于科特迪瓦奥迭内至马里边境公路工程实际情况,参考法国技术规范和许多文献中关于法国标准的路面结构参数,利用 ABAQUS 建立三维有限元计算模型,将各参数通过正交试验方法进行 27 组不同方案的组合,并对计算结果进行方差分析和极差分析,分析各路面结构受力分析影响因素和路面结构各结构层底面应力的关系,根据实际情况确定路面结构的 8 个因素指标。

(2)通过改变 8 个因素指标中的一个影响参数,分析该参数在路面结构力学整体评价(路表弯沉)及各路面结构层的拉(压)应力、拉(压)应变的影响作用,得到各评价指标在各影响因素下的变化规律,进一步明确各结构层参数对路面结构力学性能的影响,为科特迪瓦奥迭内至马里边境公路工程对应路面合理结构的推荐提供指导。

(3)通过路面结构受力影响和路面结构力学性能分析,结合科特迪瓦特殊环境因素对路面结构作用的影响,分析了半刚性改良红土粒料模量衰变对路面疲劳寿命损伤的影响,得到了温度对路面结构25cm深度范围内的影响规律,提出路面结构材料选取建议。运用仿真模拟软件GeoStudio分析排水系统设置对路面结构含水率的影响,提出合理的路面结构排水措施。基于改良红土粒料模量衰变对路面结构在交通荷载作用下受力的影响及对路面结构疲劳寿命的影响,证明模量衰减条件下的路面结构能够满足设计使用要求。

第 5 章

基于法国标准的红土粒料路基、路面结构协调设计实例

5.1 概述

5.1.1 路面设计方法

法国路面结构设计方法主要有典型结构法和解析法两种。目前,法国路面设计规范中对新建公路多采用典型结构法进行设计,对于交通量较大等特殊情况结合解析法进行计算确定。

路面典型结构设计法一般选择对路面结构承载力影响最大的两项因素,即交通特性和地基支承特性作为选择典型结构的依据。按照交通的轻重分成若干类别,按地基支承的强弱或者地基的分类指标分成若干类别,对于每一个特定的交通分类和特定的地基分类提出一组推荐的路面典型结构。法国的路面结构设计方法综合考虑了气候环境条件、交通量及组成、路面服务水平、养护技术、投资策略等因素,从而确定路面各结构层的厚度。解析法采用的是双圆均布荷载作用下的弹性层状体系理论,对不同路面结构选取控制指标有所不同,控制指标包括标准轴载、当量圆半径、轮胎接地压强、两轮中心距等。

典型结构法要求气候区域性差异不大、原材料质量相对稳定,这样才能使所选的路面结构适用于交通和环境荷载。阿尔及利亚东西高速公路虽然采用法国的路面设计体系,但是由于环境因素、交通量特征等与法国不完全一样,因此,直接套用法国的典型路面结构不一定合适。在具体设计时,以法国典型路面结构为参考,结合当地条件选取路面材料和结构组合,采用弹性层状体系理论确定路面厚度。

5.1.2 路面组成

与国内传统的"路基+路面"结构组成相比,法国的路基和路面是作为一个完整的体系来考虑的。总体而言,法国并没有一个明确的"路基"概念,其整个路基路面体系为路面+垫层+土方,其中垫层(CDF)和土方上部(PST层,类似于国内的路床)合起来又称为路面

承台(PF)。PST 层的顶面称作调平层或整平层(AR)。垫层在路面结构中一般均应设置，PST 层厚度根据路段情况可根据实际情况调整，一般为 1m 左右。

根据法国《土方和垫层实施技术指南》(GTR 2000)，法国的路基路面体系示意图如图 5-1 所示。

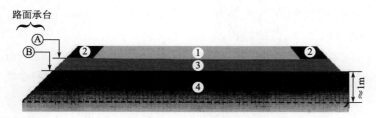

图 5-1　法国路基路面体系示意图

1-路面体(面层、基层和底基层);2-路肩;3-垫层(CDF);4-上部填方(PST);Ⓐ-路面承台(PF,Plate-Forme);Ⓑ-土方整平层(AR)

路基路面系统自上而下依次可分为以下几部分：

1) 路面体

(1) 面层。道路的上面层为磨耗层，直接承受交通荷载和环境因素的作用，在某些情况下，在道路的磨耗层与基础层之间设置一层连接层。

(2) 基础层。基础层的作用主要是承受交通荷载带来的应力和应变，并将交通荷载分散到其下部的路面承台上。基础层一般分为基层和底基层两层。

2) 路面承台

一般来说路面承台是由垫层和其下部的 PST 构成的，但在有些特殊的情况下(如 PST 的材料对水不敏感，而且长期承载力水平非常高)，也可取消垫层。

(1) 垫层(CDF)。作为土基到路面体之间的过渡层，垫层主要有以下的双重作用：在道路的施工期间，对土方起保护作用，方便施工机械通行、建筑材料运输，以及方便其上路面体各个结构层的施工；路面的力学作用，有利于车辆荷载的扩散以及对路面体提供抗冻保护。

(2) 土方上部(PST)。土方上部，又称 PST 层，相当于国内的路床，厚度约为 1m，位于垫层下方。PST 层下方为"土方下部"，PST 与土方下部合称土方，类似国内的路基。PST 的顶面称为整平层(AR)。

5.2　规范采用情况以及和中国规范的主要差异

5.2.1　规范体系差异

1) 法国规范体系

法国规范中严格意义上的强制性条文并不多，相关的标准性条文主要出自法国标准化协会(AFNOR),其他很多技术性规定出自全国性以及地方性的技术部门,如公路与高速公路研究所(SETRA)、道路与桥梁研究中心(LCPC)、设备技术研究中心(CETE)、地区道路与桥梁试验室(LR)等。

法国规范涉及路面设计方面的主要可以分为两个大类,结构设计类和材料设计类。法国沥青路面结构设计基础性的规范主要有《Conception et Dimensionnement des Structures de Chaussée(1994 SETRA/LCPC)》[路面结构尺寸设计构思与尺寸测量(1994年版)](以下简称94规范)和《Catalogue des Structures Type de Chaussées Neuves(1998 SETRA/LCPC)》[新型道路类型结构目录(1998年版)](以下简称98规范)。材料设计类针对每个类型的路面材料单独成册。

94规范介绍了不同类型路面的破坏模式,论述了法国路面设计时路面结构的选择、面层类型的选择、材料的选择、路面承台的性能要求、路面厚度的计算等内容,详细阐述了法国路面设计的理论基础。

98规范共由5部分组成:①结构性路网道路(VRS)路面结构;②非结构性路网道路(VRNS)路面结构;③使用说明;④计算假定与参数;⑤附录。与94规范相比,98版规范更偏重于典型结构法的应用,说明与解释中省略了参数的取值与计算过程,直接给出典型结构,使用者在使用时只需"对号入座"查出相应的路面厚度。

材料类的规范是针对某一种特定的路面材料而制定的相应规范,种类繁多。例如,对于不同的沥青混合料都有单个的相关规范。图5-2反映了欧洲沥青规范体系,也是针对不同的沥青产品单独成册。

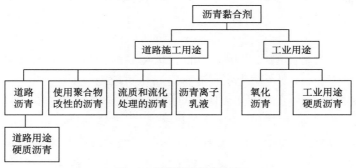

图5-2 欧洲沥青规范体系

2)中国规范体系

中国关于路面设计的规范体系相对来说更加简明,规范体系分为基础类、设计类、施工类三大类,如图5-3所示。

图5-3 中国路面设计规范体系

基础类规范以《公路自然区划标准》(JTJ 003—86)及《公路工程技术标准》(JTG B01—2014)为主,设计类、施工类规范则以沥青、混凝土路面设计规范为主。关于路面设计指标和理论在相应的设计规范中有明确的论述,而对于材料的各种技术性能要求,在施工技术规范中都有明确规定,不像法国和欧洲规范中对于每一种材料的技术性能都有一份单独的规范来规定其用途与各项技术指标。总的来说,法国和欧洲路面设计规范与中国规范体系的差异主要集中在以下几方面:

规范制定主体差异:欧洲规范的制定者主要是一些研究机构和设计机构而不是行政机构。

规范表述差异:法国现行98路面设计规范更偏向于设计者按图索骥式的应用(典型结构法),缺少相应的理论解释。相比之下中国规范在条文说明中的相应解释更有助于使用者对规范的理解。

规范分类的差异:法国和欧洲规范中关于材料技术的要求是按照每种材料相应成册,种类繁多。国内技术规范相对集中,查阅方便。

5.2.2 关键技术差异

1)轴载与交通量计算

(1)轴载参数。

法国沥青路面结构计算理论同国内一样也是采用双圆均布荷载作用下的多层弹性层状体系理论,并采用Burmister法进行理论求解。其计算模型上的差别主要在于标准轴载的不同与材料参数的选择。法国路面设计以双轮组单轴130kN为标准轴载,以15℃,10Hz动态复合模量为沥青混合料的材料参数进行计算。中法标准轴载计算参数对比见表5-1。

中法标准轴载参数对比表 表5-1

国家	标准轴载 P(kN)	轮胎接地压强(MPa)	当量圆直径(cm)	两轮中心间距(cm)
中国	100	0.7	21.3	31.95
法国	130	0.662	25	37.5

与我国BZZ-100的标准轴载相比,法国的标准轴载要大于我国。而欧洲其他国家如瑞士,标准轴载为81.6kN(根据AASHO试验),荷兰则是100kN,最大一般不会超过130kN。目前,欧盟一般倾向于使用115kN的标准轴载。对于标准轴载的确定要结合本国具体交通组成,选取有代表性的车轴类型,才能使设计结构具有针对性。

(2)交通量与累积当量轴载作用次数计算。

由于交通组成特点不同,在法国以及一些欧洲国家对于载重大于35kN的车辆划分为载重汽车,在路面计算时仅考虑这部分载重汽车交通量。在进行设计年限内的累积交通量计算时,与国内方法基本相同,但是其年平均交通量增长率一般为线性增长率,累计交通量计算公式有所不同。

交通量与当量轴载作用次数的换算同样要考虑对应的设计指标。对于柔性基层沥青路面,计算路基顶面压应变与计算沥青层底拉应变时其轴载换算的参数是不同的,这一点与国内进行沥青路面设计时标准轴载换算是类似的,都是根据损伤等效的原则进行换算,对于不同的设计参数其损伤效果不同,从而导致换算参数不同。

(3) 设计年限。

法国路面的设计年限与国内一样,都是根据道路等级来确定相应的设计年限。法国道路网分为结构性路网和非结构性路网。对于结构性路网,设计年限为 30 年,对于非结构性路网,设计年限为 20 年。法国路面设计年限远远高于我国沥青路面的设计年限。对于路面设计年限的选取不仅要考虑一次性建造费用投资,还要考虑全寿命周期内的成本。目前,随着我国经济和交通建设的发展,提高路面设计年限已引起人们的重视。

2) 典型结构与设计指标

法国路面设计规范给出了 6 种典型结构,包括全厚式沥青路面结构、半刚性基层沥青路面结构、混合结构沥青路面、水泥混凝土路面结构、柔性沥青路面结构和倒装结构沥青路面。对于不同的结构类型有其各自适用的道路和交通量等级。对于半刚性基层路面结构,在交通量较大时规范要求必须进行预裂缝,不同于我国广泛应用的半刚性基层沥青路面。

法国路面设计中对于沥青类和粒料类底基层以容许应变为控制指标(沥青类基层层底拉应变和路基顶面压应变),对于半刚性和刚性材料以容许应力为控制指标。路表弯沉值不作为设计控制指标。控制指标的差异与路面破坏模式的差异息息相关。目前,我国广泛采用路表弯沉和层底的弯拉应力作为设计指标,这与路面实际发生的破坏模式是否一致、目前的设计指标是否合适是需要设计人员深入考虑的。

3) 沥青混合料设计方法

我国的沥青混合料设计方法,是在传统的马歇尔试验方法基础上,结合我国对沥青混合料的应用、研究进行优化和补充形成的一套完整的方法。法国沥青混合料配合比设计不采用马歇尔试验方法,而是根据混合料所在结构层的层位功能按照 4 档试验分级,需要测试混合料的压实特性、水稳定性、高温稳定性、动态复合模量和疲劳性能。由于法国特殊的自然气候条件,混合料的低温抗裂性能并没有被提到一个重要的位置。在混合料 4 档性能试验中也没有包含低温性能的试验。

法国规范中对沥青混合料的最小丰度系数均做出了具体的规定,其实质是限定了各种混合料最小的沥青用量。

法国沥青混合料性能试验中包含了模量试验,这一试验结果直接应用于路面结构设计,使配合比设计与结构设计的联系更加紧密,设计更具有针对性。相比之下,我国在进行路面设计中,材料设计与结构设计脱节,传统的马歇尔材料设计方法部分检测项目与混合料的路用性能关系含糊不清,存在材料设计针对性不强,与结构设计脱节的问题。

另外,法国混合料设计中沥青混合料的最大公称粒径和级配与国内相比明显偏细,这样有效减少了施工中材料的变异性和离析的发生,但同时也增加了沥青的用量。

4) 路基路面一体化设计

我国路面结构设计中,根据查表法(或现有公路调查法)、室内试验法、换算法等,经综合分析、论证,确定沿线不同路基状况的路基回弹模量设计值。如果现场实测路基回弹模量代表值小于设计值或弯沉值大于要求的检验值,应采取翻晒补压、掺灰处理或调整路面结构厚度等措施。国内设计中的垫层仅作为一个功能层,在路线通过潮湿、过湿地区及软弱地基时设置,并不参与路面结构计算。影响路面结构设计的是基于经验法确定的路基回弹模量值。而在法国路面设计中,垫层和PST层共同构成了路面承台,路面承台的模量取值属于路面设计的一部分,不同等级的路面承台直接影响路面结构计算中模量的取值,通常情况下,每提高一个等级(50MPa),路面厚度可相差5cm左右,对路面结构计算结果影响很大。国外这种路基路面综合设计的思想值得借鉴和学习。

5.3 各设计阶段文件组成及特点

法国每一个公路项目的投资,在竣工和交付使用之前,都要经过一系列的设计阶段,随着设计阶段的深入,设计工作也越来越明确。

法国的路面设计一般分为方案设计、简明初步设计(APS)、详细初步设计(APD)和施工图设计(EXE)4个阶段。

5.3.1 方案设计

类似于国内的预可行性研究阶段,主要是有专业的咨询公司,根据项目的大体情况给出路面结构的大致方案。

5.3.2 简明初步设计

类似于国内的工程可行性研究阶段,由咨询公司根据收集到的有关资料(交通量、气候、工程重要性等),给出路面结构的初步方案。

5.3.3 详细初步设计

类似于国内的初步设计阶段,但更详细。这部分工作在法国一般都是由业主通过招投标的形式,选择一家专业的咨询公司来完成。

这一设计阶段,需要对路面结构方案、材料来源等进行明确,结合规范或指南中推荐的路面材料参数计算各个路面结构层的厚度,并以此作为编制工程招标文件的依据。

以某公路为例,APD阶段路面设计文件组成要求如下:

(1)1:100000的平面位置图;

(2)路基顶面所用材料的说明;

(3)高速公路路面总体设计报告,报告中要对拟使用的材料来源加以说明,考虑到将来的维修,对拟采用的路面结构进行论证,对路面厚度进行论证;

（4）横断面图；

（5）对违背和没有按照规范、标准和工程合同施工的，要进行说明和论证。

从文件组成来看，在初步设计阶段只是对方案进行说明、比选和确定，主要目的是解决关键技术和方案问题，控制工程建设规模和投资，材料设计并不是重点。而在我国"设计文件编制办法"中，要求初步设计阶段完成大量的混合料试验。在我国现有国情下，由于料场主要是小规模的社会料场，生产质量波动较大，在初步设计阶段进行的混合料试验往往与施工阶段采用的原材料不一致，使得初步设计阶段开展的混合料试验缺乏针对性，不能直接指导生产。

5.3.4 施工图设计

施工图设计阶段是建立在详细初步设计的基础上，与施工过程关系更为密切。法国的路面施工图设计一般都由承包方（施工单位）完成，施工单位可以在合同允许的范围内，根据自身的人员、设备和材料等实际情况，对APD文件中的路面结构进行细化和优化，以便在达到合同质量要求的同时创造出最大的经济效益。

在报告组成上，与APD阶段相比不需要再进行路面方案比选，但对于细部设计更加细化，同时增加了沥青混合料的配合比设计。配合比阶段作出的混合料材料特性可以重新验证路面结构设计参数的正确性。

以某公路为例，施工图设计阶段文件组成主要包括：

（1）前言（设计依据、标段情况介绍）；

（2）交通量预测（交通量计算和交通量等级）；

（3）路基组成要求（PST、垫层等）；

（4）路面结构类型及厚度（高速公路、国道、省道和乡村道路等的计算结果和具体厚度）；

（5）材料来源地区背景（石料场的分布情况）；

（6）储料场及拌和站；

（7）路面施工注意事项（注意事项和施工验收指标）；

（8）附件（路面原材料及混合料的技术特征、路面结构计算书、路面原材料选择及混合料配合比设计）；

（9）图纸文件（路线平面位置图、路线平纵缩略图、路基标准横断面图、路面结构图、中央分隔带设计图、中央分隔带开口设计图、路面排水工程设计图、石料场及拌和站平面位置图）。

与国内常规的设计分工相比，法国这种设计分工使得施工图设计的目的性和针对性更强，但相比之下分工显得不够明确。对工程承包方的要求较高，工程承包方不仅能够完成施工而且要能进行专业化设计。国内设计工作都是由专业设计人员完成，进行施工图设计时，设计人员不仅要熟悉设计理论和标准，而且要对现场施工情况有清楚和完整的认识，熟悉施工步骤和工艺，甚至有时需要结合现场情况进行动态设计，对设计人员专业水平要求较高。

5.4 技术要点及工程实例

法国路面结构设计步骤如图 5-4 所示。

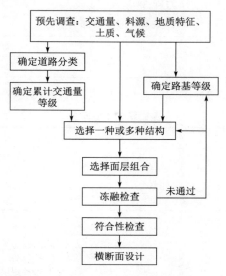

图 5-4　路面结构设计步骤示意图

1) 道路分类的确定

按照法国《城镇间公路类型手册》中的分类,1 类和 2 类(高速公路和快速路)属于结构性路网道路,以 VRS 表示;3 类和 4 类(城镇道路和其他公路)为非结构性路网道路,以 VRNS 表示。顾名思义,结构性路网道路相对于非结构性路网道路在公路等级和重要性上要更高一些。

这两类道路在路面结构设计上的区别在于其计算参数设定的不同,VRS 的设计年限是 30 年,VRNS 为 20 年,相应的交通量分级、换算系数、风险值等也有所不同。

2) 交通量等级的确定

法国路面结构设计与国内一样,也是按照设计年限内累积重载交通量考虑的。在法国规范中,荷载的容许总重在 35kN 以上的汽车被定义为载重汽车,按照累积重载交通量和公路等级将交通量分为若干等级,并按照损伤等效的原则与标准轴载进行换算进而进行路面结构计算。

3) 路基等级的确定

法国规范中路基和路面是作为一个完整的体系来考虑的,整个路基路面体系为路面 + 垫层 + 土方,其中垫层(在法国通常情况下需要设置)和土方上部结合起来称为路面承台。

路面承台的作用,从时间流程上说主要有近期功能和远期功能。近期功能主要是指施工阶段,对土方起保护作用,同时方便施工机械的通行,以及建筑材料的搬运及其上路面体各个结构层的施工;远期功能是要保证路面在后期使用中具有良好的力学性能,保证路面在荷载作用下能够提供足够的承载力,同时对路面体提供抗冻保护作用,使其处于正常的服务状态。

路面承台按照预计的承载力分为 4 个等级,见表 5-2。

路面承台长期承载能力分级 表 5-2

模量(MPa)	20	50	120	200
等级	PF1	PF2	PF3	PF4

对于不同的交通量等级和公路等级,选择相应的 PF 等级,见表 5-3。

路面承台 PF 等级 表 5-3

交通量等级	VRS	VRNS
TC7/TC8	≥PF3	≥PF3
TC6	≥PF3	≥PF2
≤TC5	≥PF2	≥PF2

4) 选择路面结构

法国路面设计规范给出了 6 种常用的典型结构,在 98 设计规范中,根据道路等级和交通量推荐了 40 多种结构组合,设计中可以直接套用,或者根据具体情况和各种类型的路面材料特性,结合交通量和道路等级进行选择。

5) 冻融性能检验

法国路面设计规范中为保证路面的低温性能要进行冻融试验和抗冻性检查。路面设计中冻融性检查主要是检验路面冰冻指数是否大于标准大气冰冻指数,如果检验不符合要求就需要重新调整设计,增加路基抗冻材料厚度,减少材料对冰冻的敏感性,或者选择较厚的路面,提高路基等级等,直到满足冻融性检验要求。抗冻性检验指标示意图如图 5-5 所示。

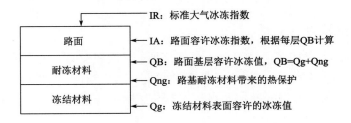

图 5-5　抗冻性检验指标示意图

法国路面设计规范中的标准大气冰冻指数是根据大量的气象站资料分析确定的,规范提供了 1951 至 1997 年间法国主要气象站确定的特别寒冷冬季和非特别寒冷冬季的冰冻指数。容许冰冻指数 IA,是建立在一系列材料试验基础数据的基础上,根据经验公式或图形确定。

6) 横断面设置

法国路面设计规范中包含了对几何尺寸的规定,主要是限制路面基层横向厚度变化,并给出了垫层的最小横坡建议值,见表 5-4。

垫层最小横坡建议值　　　　表 5-4

垫层	PST N°1	PST N°2	PST N°3	PST N°4/5/6
未处置材料或水硬性结合料稳定土	4%	4%	3%	2%
水硬性结合料稳定粒料		*	*	*

注:*底基层或路面厚度横向变化和路面坡度一起考虑。

5.4.1　法国路面的典型结构

根据路面的结构组成、材料,法国将路面结构类型主要划分为以下 6 大类。

1) 全厚式沥青路面

全厚式沥青路面由沥青混凝土面层和一层或两层沥青混合料基层(上基层、下基层)组成,基层厚度在大部分情况下为 15~40cm。这种结构的路面,直接在垫层上修筑沥青混合料基层及面层,且沥青材料层较厚,故称之为全厚式沥青路面。

法国规范中推荐的基层材料包括 2 级沥青碎石 GB2,3 级沥青碎石 GB3,2 级高模量沥青混合料 EME2。

由于这种路面结构基层一般具有良好的抗拉强度和刚度,在行车荷载作用下,竖向荷载通过基层传递给土基。如果路面结构层的层间接触条件是连续的,那么最大弯拉变形出现在最下层底面,如果层间接触条件是光滑的,那么各层底面都处于受拉状态,从而出现疲劳现象。对于土基而言,由于其承受的荷载较小,所产生的永久变形不足以对路面产生损害。这种路面结构所受的外部环境作用,主要是在高温条件下渠化交通所导致的路表车辙,这与沥青混合料的级配组成和原材料性质有关。

法国的研究认为,对于这种路面结构的破坏模式,主要是在车辆荷载作用下的疲劳破坏,具体表现在车辆轮迹下的纵向疲劳裂缝,多发生在土基承载力较小、材料力学性能较差、层间接触条件不良的位置。疲劳裂缝继续发展形成网裂,同时由于路面水沿裂缝下渗,在动水压力作用下导致裂缝处沥青脱落,材料松散,进而发展成为更严重的病害。

对于这类结构,在设计时认为各层是完全连续的。其设计要点是保证基层材料具有良好的抗疲劳性能,沥青层层底的拉应变小于容许值。

2) 半刚性基层沥青路面

半刚性基层沥青路面也称为水硬性结合料稳定基层沥青路面,包括一层沥青混合料面层和一层或两层半刚性材料基层。沥青混合料面层的厚度一般为 6~14cm,半刚性基层的厚度为 20~50cm。由于这种路面结构的基层使用了半刚性材料,面层为沥青混合料,故称之为半刚性基层沥青路面。基层所用材料一般有水泥碎石、预研磨矿渣碎石、粒状矿渣碎石、水泥稳定砂等。

与国内半刚性基层沥青路面不同,法国的这种路面结构用在交通量较大的路段时,必须对半刚性基层进行预裂缝,以减少收缩开裂形成反射裂缝。

半刚性基层沥青路面的基层具有很高的刚度,它承担了几乎全部路面荷载的弯拉作用。如果两个基层接触条件为连续的,那么最大的拉应力出现在底基层的底面处,否则,两层基层的底面都承受拉应力。同时,沥青面层与半刚性基层间的接触条件也十分重要,层间常处于正应力与剪应力综合作用状态下,且层间几厘米的材料强度一般也比较薄弱。

在大气环境条件下,半刚性基层会出现温度裂缝和收缩裂缝。由于在收缩时材料受到相邻层位的牵制作用,会形成一些横向裂缝,如果没有进行特殊处理,这些裂缝会逐渐扩展到路面形成间距均匀(5~15cm)的反射裂缝。裂缝在开始阶段为单一形式,但由于裂缝的产生,其边缘部分会出现应力集中使得既有裂缝继续分块,与纵向疲劳裂缝一起形成路面网裂,从而造成路面功能的丧失。

针对此破坏模式,设计指标主要针对半刚性基层层底的拉应力,同时从材料和工艺上采取措施减少半刚性基层开裂的发生。

3) 混合结构沥青路面

混合结构沥青路面由沥青混合料面层、沥青混合料上基层和半刚性材料下基层组成。上基层厚度一般为10~20cm,下基层厚度一般为20~40cm。对于这种结构的沥青路面,基层采用了沥青材料和半刚性材料,形成了混合式基层,故称之为混合结构沥青路面。它的沥青混合料层厚度常常占路面结构总厚度的一半,类似于国内近几年出现的复合基层。

底基层使用的半刚性材料与半刚性基层路面结构基本相同,上基层采用GB3,其疲劳强度和抗收缩裂缝扩展能力较好。

混合结构沥青路面各结构层具有不同的功能。作为下基层的半刚性材料,由于其整体刚度比较大,其所承受的荷载作用主要传递到路面承台,由路面承台承担。作为上基层的沥青碎石,主要有3个功能:保证路面的连续性和平整度,减缓半刚性基层的反射裂缝,有效减少了半刚性基层的层底弯拉应力。

在行车荷载作用下,如果结构的层间接触条件是连续的,那么除了半刚性基层的裂缝处外,沥青混合料基层不受弯拉应力作用,而是半刚性基层底面承受弯拉疲劳应力。如果层间接触条件是不连续的,那么沥青混合料基层和半刚性下基层均承受弯拉疲劳应力。在大气环境荷载作用下,尽管沥青混合料层能减少因温度变化产生的温度梯度,但半刚性基层仍然会产生收缩裂缝,随着行车作用,促使半刚性基层的收缩裂缝逐渐向沥青混合料层发展,最终形成反射裂缝。

混合结构沥青路面在结构设计时,认为基层和底基层是黏结的,但在底基层材料破坏后层间不黏结。

设计时主要还是控制半刚性基层的层底弯拉应力以及采用适当的工艺和材料来避免半刚性基层裂缝的产生。

4) 水泥混凝土路面

水泥混凝土路面由厚度 15~40cm 的水泥混凝土板构成主要的结构层。有时在其表面可以罩一层较薄的沥青混合料层。水泥混凝土板可以是纵向加筋不设缝的连续板,也可以是设缝的非连续板。水泥混凝土板可以直接修筑在路面承台上(中间加设一层沥青混合料起隔水作用),或者下面设置半刚性基层,或素混凝土基层,或排水性材料基层(粒料、土工布等)。

水泥混凝土路面的水泥混凝土板具有很高的弹性模量,刚度较高,承担了主要的车辆荷载,而传递给土基的压应力较小。在温度荷载作用下,水泥混凝土板要发生热胀冷缩,出现裂缝。控制这些裂缝的方法为预设横向伸缩缝和预设纵向连续抗裂钢筋。对于预设横缝的水泥混凝土路面,板块间的荷载传递通过传力杆来实现。如果传递效果不好,在车辆荷载作用下板边的应力较大。对于预设纵向钢筋的水泥混凝土路面,伸缩变形分布较为均匀,但是仍会出现较多细小的微裂缝。

在自然环境中,水泥混凝土路面因温度变化而产生的内力往往比车辆荷载产生的内力还要大。更严重的是,车辆荷载和温度荷载的组合与交替作用常常会对路面板产生疲劳损伤。温度的季节变化使得水泥混凝土板长度发生变化,而下层水泥混凝土板的位移约束使得板内出现较大的应力。另外,温度的昼夜变化会在板内产生温度梯度,使水泥混凝土板自行发生翘曲而脱离基础,从而使车辆荷载对水泥混凝土板的作用更为明显。对于传统的水泥混凝土路面,病害主要有两种:①板底弯拉应力导致的裂缝,如横缝和板角断裂。对此,法国现有的防治措施是采用加宽路面板和设置传力杆;②接缝和裂缝处因泵吸作用产生唧泥和板底脱空。对此,法国目前使用较多的技术手段是采用水稳性好的基层,做好界面排水的方法处理。

法国规范中对于连续配筋水泥混凝土路面的破坏模式尚不清楚,一般认为细小裂缝的出现情况与其他结构类似,配筋在裂缝处的作用相当于设缝路面的传力系统。

同半刚性基层沥青路面类似,水泥混凝土路面的设计指标主要是水泥混凝土板的抗弯拉强度。

5) 柔性沥青路面

柔性沥青路面结构由沥青混合料面层、相对较薄的沥青混合料上基层(厚度小于15cm),以及未处理粒料下基层组成。未处理粒料基层可以有一层或两层。沥青混合料面层在交通量很小的时候可以使用沥青表面处治。路面结构的总厚度一般在 30~60cm。由于这种路面结构未使用刚性材料或半刚性材料,路面结构在整体上偏"软",故称之为柔性沥青路面。

在行车荷载和环境荷载综合作用下,柔性沥青路面最常见的病害形态为大范围内永久性的车辙变形、波浪和沉陷。对于沥青混合料面层,在车辆荷载重复作用下,弯拉应力的交替出现会导致其疲劳开裂,开始阶段为细小的裂缝,逐步发展为一定范围的网裂。同时,路表水的渗入又加剧了路面病害,裂缝处材料逐渐松散脱落,最终导致路面使用功能的衰减。

柔性沥青路面的设计指标与全厚式沥青路面类似，主要为沥青层层底拉应变与路面承台顶面压应变。

6）倒装结构沥青路面

倒装结构沥青路面的结构由沥青混合料面层、沥青混合料上基层、未处理碎砾石夹层，以及半刚性材料下基层组成。路面结构的总厚度在60~80cm。其中，沥青混合料层的厚度（面层和上基层）为15cm左右，碎砾石夹层的厚度约12cm。由于在上基层和下基层之间设置了一层碎砾石夹层，使得路面结构在材料力学特性上从上到下产生了一个倒置变化，因此称之为倒装结构沥青路面。

倒装结构沥青路面的三层基层各有其特别的功能。半刚性底基层既能减少传递给土基的应力，又具有良好的抵抗变形能力；碎砾石中间夹层主要用来防止半刚性基层的温缩裂缝向沥青混合料层发展；沥青混合料层则起到保证路面平整度和防水的双重作用。

在行车荷载作用下，半刚性基层由于其良好的板体刚度可以抵抗结构的弯曲变形。沥青混合料基层底面处于弯拉工作状态，它的变形幅度与下设粒料夹层的厚度与刚度有关。粒料夹层厚度一般较薄，由于它设置在刚性较大的半刚性基层上，所以其所承受的应力较大。粒料要选择耐磨性好、综合模量大的材料，以限制沥青混合料层的变形。在环境荷载作用下，半刚性基层会产生收缩裂缝，受到粒料夹层的限制，裂缝向上扩展的能力显著减弱。沥青面层在温度应力的影响下，也会发生一些传统的病害。

倒装结构的路面在法国第一次修建于1975年。通过环道疲劳试验，观察到路面功能衰退的大致情况为粒料夹层有轻微的车辙，沥青混合料层有横向疲劳裂缝。这些裂缝比较细小，且密度也不大，其间距也不像反射裂缝那样有规则。同时，证明了粒料夹层对防止反射裂缝出现和发展的有效性，但当粒料夹层中有水渗入、汇集时，路面会迅速发生破坏。

5.4.2 轴载参数的确定

1）交通量分级

法国路面设计规范中根据设计年限内的累计交通量确定相应的交通量等级。在进行等级划分时，所考虑的交通量是指在路面设计寿命内承重最多的车道上通过的载重汽车的车辆数。在1977年的法国规范中，载重汽车是指有效荷载在50kN以上的汽车。根据法国重型车辆的总体车型分类，这相当于汽车总重量在90kN以上。1998年版的规范对这一规定进行了调整，将荷载总重量35kN以上的汽车定义为重型车辆。

对于多车道公路上载重汽车的横向分布，在没有详细资料的情况下，法国规范中推荐，对于双车道，90%的载重汽车分布在右车道；对于三车道，80%的载重汽车分布在右车道，20%的载重汽车分布在中间车道。设计年限内的累计重型车辆交通量 $TCi_{20或30}$ 按式（5-1）计算：

$$TCi_{20或30} = 365 \times T \times C \tag{5-1}$$

$$C = d + t \times d \times (d-1)/2 \tag{5-2}$$

式中：T——投入使用一年内载重汽车的年平均日交通量；

　　　d——路面设计寿命(年)；

　　　t——载重汽车交通量年线性增长率(%)。

这里需要注意的是，法国规范中给出的该计算公式采用的交通量增长率是线性增长率，如果采用几何增长率公式会有所不同。

对于结构性路网，设计寿命为 30 年；对于非结构性路网，设计寿命为 20 年。其相应的分级标准见表 5-5。

VRS 和 VRNS 累计交通量等级界线[载重汽车交通量(百万次)]　　　　表 5-5

VRS	$TC1_{30}$	$TC2_{30}$	$TC3_{30}$	$TC4_{30}$	$TC5_{30}$	$TC6_{30}$	$TC7_{30}$	$TC8_{30}$
	0.5	1	3	6	14	38	94	
VRNS	$TC1_{20}$	$TC2_{20}$	$TC3_{20}$	$TC4_{20}$	$TC5_{20}$	$TC6_{20}$	$TC7_{20}$	$TC8_{20}$
	0.2	0.5	1.5	2.5	6.5	17.5	43.5	

2) 标准当量轴载作用次数

法国路面结构计算时采用的标准轴载为单轴 130kN，载重汽车交通量和标准轴载 N_e 通过式(5-3)进行换算：

$$N_e = TCi \times CAM \tag{5-3}$$

式中：CAM——与路面结构类型和道路分类有关的平均结构折算系数。

进行拉应力与拉应变计算时，CAM 取值见表 5-6。

CAM 取值表　　　　表 5-6

结构类型	道路分类	
	VRS	VRNS
厚沥青结构	0.8	0.5
未处理粒料	—	1
复合结构	1.2	0.75
半刚性与混凝土结构	1.3	0.8

表 5-6 考虑了不同等级道路交通量中车辆组成的不同，在资料不全的情况下可以采用表中所列的数值。如果有车辆构成方面的资料，可按照轴载分布进行 CAM 的具体计算。

$$CAM = \frac{A_1 + A_2 + A_3}{N_{PL}}$$

$$A = K \left(\frac{P_c}{P_o}\right)^{\alpha} \tag{5-4}$$

式中：N_{PL}——累计载重汽车交通量；

　　　K——与路面结构尺寸相关的系数；

　　　α——与路面材料相关的系数；

P_c——轴载；

P_o——标准轴载。

进行压应变计算时，重型车辆交通量与标准轴载换算的 CAM 取值与交通量等级相关，见表5-7。

CAM 取值表　　　　　　　　　表5-7

交通量等级	TC2	TC3	≥TC4
CAM	0.5	0.75	1

5.4.3　材料基本参数的确定

1）路面设计控制参数

根据各种类型路面结构的破坏模型，我们可以在路面设计中选择合理的参数进行控制，并作为确定路面结构厚度的设计指标。路面结构计算中，主要考虑的要素有交通量、大气环境参数、路面承台、路面材料参数和施工质量。对于力学设计指标，法国规范中对沥青混凝土结构和粒料类结构层以容许应变为控制指标，对于半刚性或刚性材料以容许应力为控制指标。

具体的计算公式如下：

(1)沥青混合料容许应变计算公式：

$$\varepsilon_{t,ad} = \varepsilon_6(10℃,25Hz) \times \left(\frac{N_e}{10^6}\right)^b \times \sqrt{\frac{E(10℃)}{E(\theta_{eq})}} \times k_c \times k_r \times k_s \tag{5-5}$$

式中：$\varepsilon_6(10℃,25Hz)$——材料疲劳试验(10℃,25Hz)100万次的应变；

N_e——累计标准轴载；

b——沥青混合料的计算参数；

$E(10℃)$——10℃时的模量；

$E(\theta_{eq})$——计算温度(法国为15℃)下的模量；

k_c、k_r、k_s——分别为考虑材料种类、变形和强度的系数。

(2)未经水泥或沥青等处理材料的层顶垂直向变形 $\varepsilon_{z,ad}$。

$$\varepsilon_{z,ad} = 0.012(N_e)^{-0.222} \tag{5-6}$$

$$\varepsilon_{z,ad} = 0.016(N_e)^{-0.222} \tag{5-7}$$

其中，式(5-6)用于交通量较大的情况($T \geq T3$)，式(5-7)用于交通量较小($T < T3$)的情况。

(3)半刚性基层的容许应力。

$$\sigma_{t,ad} = \sigma_t(N_e) \times k_r \times k_d \times k_c \times k_s \tag{5-8}$$

式中：$\sigma_t(N_e)$——在试验样品上进行360d的弯曲试验，其断裂应力对应的载荷；

k_c、k_d、k_r、k_s——与材料、厚度和计算风险等相关的系数。

2）材料基本参数

路面材料的种类很多，但在路面结构设计中只涉及材料大的分类。这种分类根据各组成材料的品质、混合料的物理-力学性质来分类。在设计中如果使用非规范规定的材料,则应做室内试验以确定其应用范围及力学特性,设计时根据试验结果选用并以与规范规定相近的材料作为参考。如果使用规范中的材料,其力学强度、变形性能等也应做室内试验研究,采用试验结果进行设计。如果缺少试验资料,可以按照规范推荐的参考值的下限进行设计。对于材料的疲劳特性,考虑到试验结果的离散性,对不同类型的材料应采用其特征值。这样计算的材料容许荷载更具代表性。

路面设计中材料的基本参数主要用于确定路面结构各设计参数的实际值和容许值,主要涉及材料的模量和疲劳特性。

(1)模量试验。

模量试验的目的是测定混合料的刚度,一般是通过复合模量试验(在梯形试件上加正弦式的应力)或直接拉伸试验(在圆柱体或者平行六面体试件上进行)来测定。通过控制时间或者频率、温度、加载方式,在较小的变形范围内加荷载。该试验针对每个基本试验进行模量(应力和变形的比值)计算。按照时间-温度当量关系,可以绘制出一定温度下的有效曲线。这样,就可以了解在一个较宽的加载时间或频率波谱范围内混合料的性能表现。有关的规范是针对温度为 15℃,频率为 10Hz,或者加载时间为 0.02s 的条件来规定的。复合模量试验仪如图 5-6 所示。

图 5-6　复合模量试验仪

(2)疲劳试验。

疲劳试验是在一定的温度和一定的加载频率下,使梯形试件受到一个恒定的应变。当所施加的用来保持指定应变的应力减小一半时,则认为试件在相应循环次数的条件下遭到破坏。

该试验结果绘制在疲劳试验曲线图上,不同的成对参数(加载程度、循环数)排列在一条疲劳度直线上,直到试件破坏。在 10^6 次循环下,直线上所读出的加载极限值就是抗疲劳性能的特征值。

(3)等效温度。

沥青材料变形和疲劳性能与温度关系十分密切。在路面使用周期内,路面结构层的疲劳应力和破坏程度会因温度的变化而不同。路面结构尺寸的计算一般是在恒温条件下进行的，即在等效温度 θ_{eq} 下进行路面尺寸计算。等效温度计算考虑每年的温度变化循环周期，它等于规定的温度值下，一年中路面结构受到的总的损失，或等效温度 θ_{eq} 下同等交通量造成的总损失。

通过等效温度的定义得到以下计算公式：

$$\sum_i \frac{n_i(\theta_i)}{N_i(\theta_i)} = \frac{\sum_i n_i(\theta_i)}{N(\theta_{eq})} \tag{5-9}$$

或者使用疲劳规律计算公式：

$$\frac{1}{N(\theta_{eq})} = \frac{1}{\sum_i n_i(\theta_i)} \left\{ \sum_i n_i(\theta_i) \left[\frac{\varepsilon_6(\theta_i)}{\varepsilon(\theta_i)} \right]^{1/b} \times 10^6 \right\} \tag{5-10}$$

式中：$n_i(\theta_i)$——温度为 θ_i 条件下路面上经过的相等重型车辆荷载的数量；

$N_i(\theta_i)$——对应变形程度 $\varepsilon(\theta_i)$ 产生疲劳断裂的载荷数量；

$\varepsilon_6(\theta_i)$——在抗疲劳性能特征值 ε_6 下路面受到张力的变形程度；

$\varepsilon(\theta_i)$——在标准荷载下路面受到张力的变形程度。

（4）经验系数。

在路面结构层容许值的计算中，考虑了材料的疲劳特性、累计交通量和计算风险三个方面，另外引进了一个综合修正系数（k_c），以修正计算结果和实际试验结果之间的差异。

如果路面材料的力学性质在一定范围内是均匀的，施工工艺也符合有关技术规定，那么与路面破坏发展与病害出现的离散因素只有两个，即疲劳试验结果和路面结构层的厚度。根据法国路面材料的疲劳试验规程，室内疲劳试验曲线考虑了裂缝出现的概率为50%。试验结果在 σ（或 ε）-$\lg N$ 坐标上的描述实际上服从标准差为 S_n 的正态分布。我们同样考虑路面结构层的厚度也服从正态分布，标准差为 S_h。路面在设计年限内处于正常工作状态所承受的累计当量标准轴载为 N_e 次，如果路面在设计年限内的设计风险取 r，那么在 N_e 次轴载作用下，裂缝出现的可能性最大等于 r。设计风险 r 为概率密度对变量 $\lg N$（疲劳次数）的积分。与变量 $\lg N$ 相关的标准差 δ 与材料的疲劳特性和路面结构厚度相关。

$$\delta = [(S_n^2 + c^2/b^2) S_h^2]^{0.5} \tag{5-11}$$

式中：c——与路面厚度的随机变量及对应的变形数值相关联的系数；

S_n、b——沥青混合料的计算参数。

b 在双对数坐标下疲劳方程的斜率见式（5-12）。

$$k_r = 10^{-ub\delta} \tag{5-12}$$

式中：u——同风险 r 紧密相关的递减数值（标准正态分布）。

路面结构容许值的计算除了考虑计算风险外，还需一个综合修正系数 k_c，以修正理论计算结果与实际观察结果之间的差别。该系数与路面材料、多层体系的计算模型、材料的疲劳特性三个因素有关。

另外，在进行容许值计算时，也要考虑不同材料路面层承台的承载能力，因而引入系数 k_s。根据《Catalogue des Structures Type de Chaussées Neuves（1998 SETRA/LCPC）》，k_s 的取值见表5-8。

k_s 系数值对照 表 5-8

模量	$E<50\mathrm{MPa}$	$50\mathrm{MPa}\leqslant E<120\mathrm{MPa}$	$120\mathrm{MPa}\leqslant E$
k_s	1/1.2	1/1.1	1

5.4.4 路基路面综合设计

前面已经提到,法国沥青路面设计中将路基设计和路面结构设计综合考虑是其重要的特征之一,根据公路不同的交通量等级和重要程度对土方上部和路面承台有着不同的要求,使得设计更具针对性。公路在使用过程中,良好的下承层是分布和传递荷载的重要结构层,对于柔性基层沥青路面而言,路基路面综合设计对保证路面长期使用意义重大。

路基路面综合设计主要体现在土方上部(PST)设计、垫层(CDF)设计以及承台(PF)等级的选择三部分。

1) 土方上部(PST)

(1) 法国标准中的 PST 及 AR 等级。

法国标准中的 PST 和 AR 等级与 PST 的材料种类、性能和气候等因素有关。PST 等级就是不同材料的 PST 在不同含水率状态下的分类,AR 等级就是 PST 顶面能够给上部结构层提供的长期承载力水平。PST 和 AR 等级的划分主要是为路面结构计算提供依据。

材料对水不敏感或经过处理使其对水不敏感的情况属于 PST n°4、PST n°5 和 PST n°6,此时土基整平层的长期承载力水平较高。可以在垫层铺设之前,通过对 PST 模量的测定做出判断。

在材料对水敏感的情况下(这种材料依然被允许用作 PST 材料,如黏土、碎石土等),通常很难提前衡量出 AR 的长期承载力特征。水文情况随季节变化显著,并且会受工程所在区域公路的几何形状、场地的地貌、排水设施的功效、路面和路肩的渗水性等因素的影响。如果不能作出准确的判断(或处于初步设计阶段),可以根据表 5-9 提供的数值(杨氏模量)对路面结构尺寸进行计算。PST 及 AR 可能出现的状况见表 5-10。

整平层等级一览表 表 5-9

整平层等级	AR1	AR2	AR3	AR4
计算模量(MPa)	20	50	120	200

PST 及 AR 可能出现的状况 表 5-10

PST 状况	示意图	描述	AR	备注
PST n°0		土壤:A、B_2、B_4、B_5、B_6、C_1 等级的土壤处于含水状态。 情况:泥炭质、沼泽、可能被洪水淹没的地区。 在路面施工或在工程使用期间,PST 的承载力有可能接近零	AR0	应采用清除、换填或排水(深排水沟,降低含水率)的方法使 PST 顶面至少达到 AR1 的级别,从而提高整平层等级

续上表

PST 状况	示意图	描述	AR	备注
PST n°1		土壤：A、B_2、B_4、B_5、B_6、C_1、R_{12}、R_{13}、R_{34} 等级的土壤和一些处于含水状态的 C_2、R_{43} 和 R_{63} 等级的土壤。 情况：垫层铺设阶段 PST 土质承载力差，路面铺设阶段 PST 在长期没有改善的可能	AR1	应通过生石灰处理，或根据有关填筑技术标准，进行 0.5m 的土质改善。根据具体情况，将土壤级别提升到 PST n°2 或 n°3 或 n°4 的状况，或者使用对水不敏感的粒料铺设很厚的垫层（如果在垫层与 PST 之间插入一层防污染的土工织物，垫层厚度允许有略微的缩小）
PST n°2		土壤：A、B_2、B_4、B_5、B_6、C_1、R_{12}、R_{13}、R_{34} 等级的土壤和一些处于含水状态的 C_2、R_{43} 和 R_{63} 等级的土壤。 情况：垫层铺设阶段，PST 是承载力强的对水敏感的土质，但是在雨水渗透和含水层上升的长期影响下土质承载力会减退	AR1	尽管短期内整平层也许能够满足路面承台的承载要求，然而垫层必须设置，可以降低足够深度内土壤的含水率使土质级别达到 PST n°3 的状况
PST n°3		土壤：与 PST n°2 的情况同。 情况：垫层铺设阶段，PST 是承载力强的对水敏感的土质，但是在雨水渗透的长期影响下土质承载力会减退	AR1	如果不能设置路面底部的排水和采取整平层的防水措施，则同 PST n°2 的备注
			AR2	如果能够通过路面底部的排水和整平层的防水措施来达到排水和避免水渗透进路床的目的，则路床顶面达到 AR2 级
PST n°4		土壤：除了土壤粒度能满足土壤改质的要求外，土壤情况与 PST n°1 相同。 情况：PST 土质对水敏感（填方段或含水层以外的挖方底部），可对 0.3～0.5m 的土壤通过石灰或水硬黏结剂进行改良处理	AR2	整平层的承载力在局部地段可能比较强，但受离散性的影响，路床顶面级别无法再被提升。该 PST 状况下，垫层的设置应取决于路床顶面承载力的数值（使用黏结剂后）

续上表

PST 状况	示意图	描述	AR	备注
PST n°5	Ⓐ Ⓑ	土壤:B_1 和 D_1 以及一些 R_{43} 等级的岩石。 情况:含水层以外的 PST 为对水不敏感的细砂质,不利于行使	AR2、AR3	在该 PST 状况下,如果路床顶面的变形模量数值高于 120MPa,则处于 AR3 级,整平层的承载力主要取决于土质。在该 PST 中,除非交通通行有特殊要求,否则垫层不是必须设置的
PST n°6	Ⓐ Ⓑ	土壤:D_3、R_{11}、R_{21}、R_{22}、R_{32}、R_{33}、R_{41}、R_{42}、R_{62} 等级的岩土以及一些 C_2、R_{23}、R_{43} 和 R_{63} 等级的岩土。 情况:PST 是对水不敏感的砂粒质或岩质,但是存在整治和可行使性方面的问题	AR3、AR4	若变形模量大于或等于 120MPa,处于 AR3 级,若变形模量大于或等于 200MPa,处于 AR4 级。除了满足短期内(地面平整和可行使性)的使用需求外,垫层不是必须设置的。垫层是很薄的一层,起到平整作用

Ⓐ:垫层铺设中 PST 的状况。

Ⓑ:路面铺设中 PST 的状况。

(2)原材料的技术要求。

PST 采用 GTR 分类中的以下材料修筑:

①B2、B4、B5;

②C1A1、C1A2;

③C1B1、C1B2、C1B3、C1B4、C1B5、C1B6;

④C2B1、C2B2、C2B3、C2B4;

⑤D 级别的材料。

上述材料在作为 PST 层时,最大粒径应≤30cm。

(3)PST 厚度的确定。

①填方路段。

填方路段 PST 层厚度采用 1m(法国的通常做法)。

②挖方路段。

a. 对于 PST 层位置处的土质按 GTR 分类为 A1,A2,A3,A4,B6 以及全风化、强风化的软质岩石,反挖用符合要求的材料换填,换填厚度 1m。

b. 对于 PST 层位置处的岩性按 GTR 分类并符合要求,PST 层厚度应根据现场实测的变形模量 $EV2$ 以及工地的实际情况确定。例如,阿尔及利亚东西高速公路具体的操作标准如下:现场实测的 $EV2<30\mathrm{MPa}$ 时,反挖并重新填筑 1m PST 层;$30\mathrm{MPa} \leqslant EV2<50\mathrm{MPa}$,反挖并重新填筑 0.5m PST 层;实测 $EV2 \geqslant 50\mathrm{MPa}$,PST 层可以取消。

对水较敏感、遇水易崩解的页岩、泥岩、泥灰岩等弱~微风化软质岩石路段,必须换填符合 GTR 要求的材料,换填厚度 50cm。

c. 对弱~微风化的完整硬质岩石挖方路段,在垫层底面以下爆破松动 50cm 并兼作调平层的作用。

(4)PST 的竣工验收指标。

在 PST 层施工结束后,必须对其刚度和密实度进行检测,以保证 PST 能够处于良好的工作状态。一般检测的标准可以参考有关规范、指南或者工程的合同文件,CCTP 具体的要求见表 5-11。

PST 的竣工验收指标　　　　　　　　　　表 5-11

位置	承载板试验		弯沉(1/100mm)	干密度 γ_d
	$EV2$	$EV2/EV1$		
挖方路段	$\geqslant 40\mathrm{MPa}$	<2.2	$\leqslant 300$	$\gamma_{d_{fc}} \geqslant 95\% \gamma_{d_{OPN}}$
填方路段	$\geqslant 50\mathrm{MPa}$	<2	$\leqslant 250$	$\gamma_{d_{moy}} \geqslant 97\% \gamma_{d_{OPN}}$

注:1. $\gamma_{d_{fc}}$ 为层底(8cm 以下)干密度,$\gamma_{d_{moy}}$ 为整个土层的平均干密度,$\gamma_{d_{OPN}}$ 为土层最大干密度。
2. $EV1$、$EV2$ 为实测的变形模量。

2)垫层(CDF)

(1)法国标准中的 PF 等级。

PF 等级实际上就是路面承台长期承载能力的等级,具体以路面承台顶面(设置垫层时为垫层顶面,未设置垫层时为 PST 层顶面)所测得的变形模量的大小来衡量,路面承台的长期承载力取决于 PST 与垫层。

路面承台具体的划分标准见表 5-12。

路面承台长期承载能力分级　　　　　　　　　　表 5-12

等级	PF1	PF2	PF3	PF4
模量(MPa)	20	50	120	200

路面承台的等级划分方法:

在垫层厚度满足有关技术要求的情况下,根据 PST 和路基的性质,承台的类别可以在同一表中查出。

如果垫层的厚度小于所要求值,路面承台等级则应等同于 AR 等级。

另外,除了某些特殊情况(如当地的经济条件、项目的技术条件等)以外,法国的标准不允许国道及国道以上道路的路面承台等级 $\leqslant$PF1。

(2)原材料技术要求。

垫层的材料要求:对水不敏感;最大颗粒尺寸要求(能够保证承台表面的平整度);能承

受现场施工车辆的反复通行;需要时,能够防冻。

在法国规范体系中,对于高速公路而言,至少要保证路面承台等级≥PF2。

①PF2 等级的材料要求:

路面承台等级要求达到 PF2,PST 至少应达到 n°1。根据 GTR 分类属于 B11、B41、C1B21、C1B41、C1B51、C2B21、C2B41、C2B51、D11、B31、C1B11、C1B31、C2B11、C2B31、D21、D31、R11、R22、R42、R62 中的天然材料可以直接作为垫层材料使用。

②PF3 等级的材料要求:

路面承台等级要达到 PF3,PST 至少应达到 PST n°2。根据 GTR 分类属于 B31、C1B31、C2B31、D21、D31、R21、R41、R61、C1B11、C2B11、R11、R42、R62 中的天然材料可以直接作为垫层材料使用。

上述材料在作为垫层材料时,最大粒径应≤10cm。

(3)垫层的竣工验收指标。

在垫层施工结束后,同样要对其刚度和密实度进行检测,而且其各个指标均高出其下部的 PST 层,CCTP 常见要求见表 5-13。

垫层竣工验收指标 表 5-13

PF 等级	干密度 γ_d		承载板试验		弯沉 (1/100mm)
	$\gamma_{d_{moy}}$	$\gamma_{d_{fc}}$	$EV2$	$EV2/EV1$	
PF2	≥98.5%$\gamma_{d_{OPN}}$	≥96%$\gamma_{d_{OPN}}$	≥80MPa	<2.0	≤150
PF3	≥98.5%$\gamma_{d_{OPN}}$	≥96%$\gamma_{d_{OPN}}$	≥120MPa	<2.0	≤90

注:1. $\gamma_{d_{fc}}$ 为层底(8cm 以下)干密度,$\gamma_{d_{moy}}$ 为整个土层的平均干密度,$\gamma_{d_{OPN}}$ 为土层最大干密度。
2. $EV1$、$EV2$ 为实测的变形模量。

(4)垫层厚度的确定。

法国的《土方和垫层实施技术指南》(GTR 2000)中明确指出垫层的厚度取决于 PST 状况、AR 等级和构成垫层材料的特性等因素。具体的垫层厚度确定流程如图 5-7 所示。

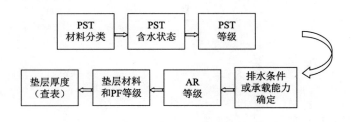

图 5-7 垫层厚度确定流程图

①普通垫层厚度的确定。

根据法国标准 GTR 附件 3,普通垫层(主要是针对 PF2、PF3 等级的常规交通量和工况)的厚度可以通过查表得到。下面列举出一个 GTR 中的表格,见表 5-14。

垫层所用材料的使用条件示例（GTR） 表5-14

$D_{11}, D_{12}, D_{21}, D_{22}$

等级	一般发现	气象条件		填方中的使用条件	编码 GWTS	建议的垫层厚度和PF等级				
						PST n°1	PST n°2	PST n°3	PST n°3	PST n°4
						AR1	AR1	AR1	AR2	AR2
D_{11}	虽然此类土对水不敏感，但是由于土壤的颗粒大小不一，导致其缺乏"运输能力"。这类土由坚固颗粒组成，它们经过合适的过筛或水硬黏结料处理后就能用于垫层	++	大雨	无法正常施工	无	$e=0.8$ 或② $e=0.65$ PF2	$e=0.5$ 或② $e=04$ PF2	$e=0.4$ 或② $e=0.3$ PF2	$e=0.3$ 或② $e=0.2$ PF2	③
		+	小雨	过筛	0060					
		= 或 −	无雨	解决方案1:过筛	0060					
		= 或 −	无雨	解决方案2: W:洒水； T:用水硬黏结料处理，必要时过筛； S:采用乳化沥青碎石封层等养生	0152					
D_{12}	虽然此类土对水不敏感，但是由于土壤的颗粒大小不一，导致其缺乏"运输能力"。这类土由低强度的颗粒组成，这些颗粒在交通荷载作用下会变成对水敏感的细粒。因此，用于垫层的土壤必须用水硬黏结料进行处理	+	小雨	不能保证处治层的含水率	无	①	$e=0.35$ PF2	$e=0.35$ PF2	$e=0.35$ PF3	$e=0.35$ PF3
		= 或 −	无雨	W:洒水； T:用水硬黏结料加工，必要时用粒度测定调节器； S:采用乳化沥青碎石封层等养生	0152					

续上表

等级	一般发现	气象条件	填方中的使用条件	编码 GWTS	建议的垫层厚度和 PF 等级				
					PST n°1	PST n°2	PST n°3	PST n°3	PST n°4
					AR1	AR1	AR1	AR2	AR2
D_{21}	这类土可以用于垫层。因为经过现场或拌和站对天然状态的土进行处理,使粒料有足够的承载力	++ 或 +	同大雨条件	原样使用	0000	$e=0.8$ 或② $e=0.65$ PF2	$e=0.5$ 或② $e=04$ PF2	$e=0.4$ 或② $e=0.3$ PF2	$e=0.3$ 或② $e=0.2$ PF2	③
		= 或 −	无雨	解决方案1:原样使用	0000					
				解决方案2: W:洒水; T:用水硬黏结料加工,必要时用粒度测定调节器; S:采用乳化沥青碎石封层等养生	0111					
D_{22}	由于粒料的易碎性(在交通荷载的作用力下会形成对水敏感的精细成分),这类土虽然对水不敏感,但是在自然状态下通常不能用于垫层	+	小雨	不能保证处治层的含水率	无	①	$e=0.35$ PF2	$e=0.35$ PF2	$e=0.35$ PF3	$e=0.35$ PF3
		= 或 −	无雨	W:洒水; T:用水硬黏结料处理; S:采用乳化沥青碎石封层等养生	0111					

注:①首先根据相关技术要求施工,如果施工十分艰难则与 PST n°4 的情况类似,否则与 PST n°2 或 PST n°3 的情况类似。

②在 PST-垫层的界面上增加一层土工布。

③在 PST n°4 的情况下,如果能预测到 PST 顶面 5~10cm 的厚度需要挖除时,对于做 PF2 级别的垫层可以通过在 PST 表面实施几厘米乳化沥青或者碎石透层保护层的方式来实现。

经交通量计算,累计轴载作用次数为 TC620 时,路面承台的 PF 等级分别可取 PF2、PF3、PF4,并分别取定相应的路面结构;若累计轴载作用次数为 TC720 时,PF 等级为 PF3、PF4,PF2 已不适用,若由 PST 及 AR 确定的垫层厚度和等级为 PF2,需加厚垫层厚度或进行处治。

②高等级垫层的厚度。

根据 GTR,高等级垫层主要是针对等级≥PF3 和大交通量的情况。

a. 未经处治的垫层。

未经处治的垫层材料的推荐厚度见表 5-15。

未经处治的垫层材料的推荐厚度 表 5-15

整平层类别	承台类别	垫层材料（GTR）	垫层材料的厚度
AR1	PF3	B_{31}、$C_1 B_{31}$、$C_2 B_{31}$、D_{21}、D_{31}、R_{21}、R_{41}、R_{61} $C_1 B_{11}^*$、$C_2 B_{11}^*$、R_{11}^*、R_{42}^*、R_{62}^*	0.80m**
AR2	PF3	同上	0.50m

注：* 对应于填方路基条件下。

  ** 如果在路基和填方上层之间加一层土工织物，厚度可以减少 0.10~0.15m。

b. 处治土垫层。

处治土垫层的处理方法包括：单用石灰的处理方法，适用 GTR 分类 A3 土；使用混合材料（石灰 + 水泥）或单用水泥的处理方法，适用于 GTR 分类 A1、A2 土，也可能是 A3 土。当处理方法的可行性得到确认，将根据具体的土质状况和水文状况来选择采用何种处理方式。处治土垫层的推荐厚度见表 5-16。

处治土垫层的推荐厚度 表 5-16

整平层等级	路面承台等级	垫层材料	垫层厚度
AR1 *	PF3	A3 只用石灰处理	0.70m（双层）
		A1、A2、A3 用石灰和水泥处理，也可以单用水泥处理	0.5m（双层）
AR2	PF3	A3 只用石灰处理	0.5m（双层）
		A1、A2、A3 用石灰和水泥处理，也可以单用水泥处理	0.35m

注：* PST n°2 和 PST n°3 的情况。在 PST n°1（如果此时实施则承载力很差）的情况下，这些高等级垫层无法实施。

c. 用水硬黏结料结合或石灰处理的粒料垫层。

和 GTR 分类的 B、D1 和 D2 类别的材料有关，而对于 C 类材料，当其处理方法的可行性得到确认时，虽然其属于土质，但是依然可以按照粒料类材料来对待。

通过对垫层底（小于 8cm 部分）取样进行测量，得出 90d 杨氏模量 E 和直接抗拉强度值 R_t，并由此数据划分区域（如果测量的是劈裂强度 RTB，则可根据关系式：$R_t = 0.8RTB$ 进行换算）。90d 龄期试样力学特征分类如图 5-8 所示。

不同处理方式的水硬黏结料处理粒料的力学分类见表 5-17。

不同处理方式的水硬黏结料处理粒料的力学分类 表 5-17

厂拌法	路拌法	力学分类
区域 1	—	1
区域 2	区域 1	2
区域 3	区域 2	3
区域 4	区域 3	4
区域 5	区域 4、5	5

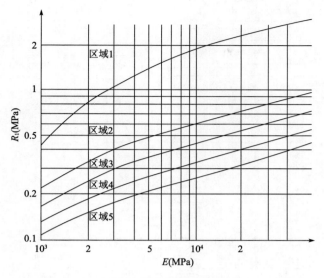

图 5-8　90d 龄期试样力学特征分类

表 5-18 介绍了用水硬黏结料处理的不同力学分类的粒料垫层的厚度值。

用水硬黏结料处理的高等级粒料垫层的推荐厚度　　　　表 5-18

垫层材料的力学分类	整平层等级（AR）				
	AR1			AR2	
	垫层的厚度				
3	*	30cm	40cm	25cm	30cm
4	30cm	35cm	45cm**	30cm	35cm
5	35cm	50cm**	55cm**	35cm	45cm**
路面承台等级	PF2	PF3	PF4	PF3	PF4

注：* 最小厚度为 30cm，如果能达到 PF3 等级，则允许重新调整。

** 为了保证垫层底部的压实度，通常要求双层摊铺。

3）路面承台（PF）

路面承台的等级，表示路面承台的长期承载力水平。在进行路面结构计算之前，必须确定路面承台的长期承载力水平，以便在计算时能够明确路面承台的模量。

法国标准 GTR 和 94 规范中规定了由 PST 和 AR 等级确定 PF 等级的步骤，具体流程如图 5-9 所示。

经过以上三部分设计，就可以按照前述步骤进行路面结构组合的选择以及计算，从而确定路面厚度，实现路基路面综合设计。

5.4.5　设计实例

下面以科特迪瓦北部路项目为例，介绍新建柔性沥青路面结构的具体设计。

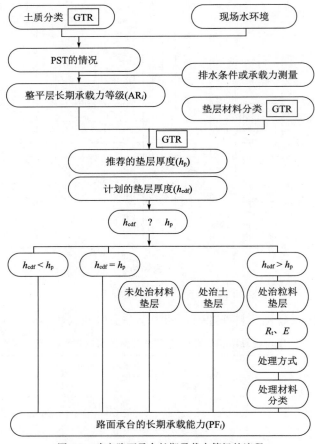

图5-9 确定路面承台长期承载力等级的流程

1) 设计方法和计算内容

路面结构尺寸根据 APD 设计文件、CCTP 及《Conception et Dimensionnement des Structures de Chaussée(1994 SETRA/LCPC)》初步拟定,并采用法国 LCPC 公司的 Alizé 专业软件进行计算确定。

计算理论采用双圆均布荷载作用下的弹性层状体系理论。标准轴载采用130kN,轮胎接地压强0.662MPa,当量圆半径0.125m。标准轴载定义如图5-10所示。

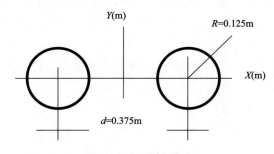

图5-10 标准轴载定义

本项目路面设计时采用精选红土粒料底基层、机轧碎石基层的沥青路面结构。根据《Conception et Dimensionnement des Structures de Chaussée (1994 SETRA/LCPC)》，此类路面结构属于柔性路面，对路面结构进行检查的项目包括：沥青路面基层的疲劳开裂；底基层、土基顶的车辙变形。

为使上述两方面满足要求，路面尺寸计算时需达到以下标准：沥青层层底的水平拉应变 $\varepsilon_{t,alz}$ 必须小于容许极限值 $\varepsilon_{t,adm}$；机轧碎石基层、精选红土粒料底基层及土基顶面的竖向压应变 ε_z 必须小于容许极限值 $\varepsilon_{z,ad}$。

2）交通量

路面结构设计计算书中交通量的计算主要依据工程可行性文件提供的交通量的观测数据及法国《Conception et Dimensionnement des Structures de Chaussée (1994 SETRA/LCPC)》。取得的拟建路段最大交通量数据见表5-19。

拟建项目未来年趋势交通量预测结果（辆/d）　　表5-19

	路段	轿车	小型客车	大型客车	轻型货车	重型货车	挂车	合计
2020年	奥迭内—金比里拉	56	15	5	17	10	6	109
	金比里拉—马南科罗	10	3	2	31	21	2	69
2025年	奥迭内—金比里拉	69	18	6	23	12	8	136
	金比里拉—马南科罗	11	4	2	41	26	2	86
2030年	奥迭内—金比里拉	85	23	8	28	15	10	169
	金比里拉—马南科罗	15	6	3	48	34	3	109
2035年	奥迭内—金比里拉	105	28	9	34	19	12	207
	金比里拉—马南科罗	19	7	3	58	42	3	132
2039年	奥迭内—金比里拉	131	32	11	39	21	14	248
	金比里拉—马南科罗	23	8	4	72	47	4	158

我们选择奥迭内—马里段项目的奥迭内—金比里拉段、奥迭内—几内亚段的金比里拉—马南科罗的2020年交通量数据中的重型车辆数据（大型客车、重型货车、挂车），见表5-20。

2020年重型车辆数量表(辆) 表 5-20

设计段落	双向日平均交通量	双向日平均重型车量数	重型车辆比例(%)
奥迭内—金比里拉	109	21	19.27
金比里拉—马南科罗	69	25	36.23

(1) 交通量等级。

根据业主和项目部提供的相关技术文件,建成后的道路均为双向两车道,计划2021年通车,交通量年增长率为马里段为4.36%,几内亚段为3.71%。因此,单向的方向系数取0.5、路面设计初年取2021年,计算可知:

奥迭内—马里段设计初年的 MJA(一个车道的重型车辆年平均日交通量)为 $21×(1+4.36\%)×0.5=11$(辆),交通量级别为T5,对应科特迪瓦当地规范为T1;

奥迭内—几内亚段设计初年的 MJA 为 $25×(1+3.71\%)×0.5=13$(辆),交通量级别为T5,对应科特迪瓦当地规范为T1。

(2) 计算风险。

根据《Conception et Dimensionnement des Structures de Chaussée(1994 SETRA/LCPC)》,得到奥迭内—马里、几内亚段设计计算风险 $r=25\%$。

(3) 累计重型车辆交通量计算。

根据《Conception et Dimensionnement des Structures de Chaussée(1994 SETRA/LCPC)》,设计年限内累计重型车辆交通量按照式(5-13)计算:

$$N = 365 × N_0 × \frac{(1+i)^n - 1}{i} \tag{5-13}$$

式中:N——设计年限内一个车道的累计重型车辆交通量;

N_0——设计初年一个车道的重型车辆年平均日交通量;

i——年平均几何增长率;

n——设计年限(20年)。

奥迭内—马里段:

2021—2025年重型车辆的累计总量:

$$N_{PL1} = 365 × 11 × [(1+0.0436)^4 - 1]/0.0436 = 17143(辆)$$

2025—2030年重型车辆的累计总量:

$$N_{PL2} = 365 × 13 × [(1+0.0488)^5 - 1]/0.0488 = 26159(辆)$$

2030—2035年重型车辆的累计总量:

$$N_{PL3} = 365 × 17 × [(1+0.0392)^5 - 1]/0.0392 = 33557(辆)$$

2035—2041年重型车辆的累计总量:

$$N_{PL4} = 365 × 20 × [(1+0.0356)^6 - 1]/0.0356 = 47884(辆)$$

设计年限内一个车道等效累计重型车辆交通量:

$$N_{PL} = N_{PL1} + N_{PL2} + N_{PL3} + N_{PL4} = 124740(辆)$$

同理,奥迭内—几内亚段:

$$N_{PL} = N_{PL1} + N_{PL2} + N_{PL3} + N_{PL4} = 147518(辆)$$

经计算,奥迭内—马里段设计年限内累计重型车辆交通量为 124740(辆);奥迭内—几内亚段设计年限内累计重型车辆交通量为 147518(辆)。

(4)重型车辆荷载平均影响系数 CAM。

本路段重型车辆荷载平均影响系数 CAM 取值见表 5-21。

各层路面结构 CAM 取值　　　　　　　　表 5-21

路面结构层	CAM	说明
基层、底基层及土基	0.4	计算基层、底基层及土基顶面压应变
沥青层(厚度≤20cm)	0.4	计算沥青层层底拉应变

(5)累计当量轴载作用次数计算。

累计当量轴载作用次数按式(5-14)计算:

$$N_e = N \times CAM \tag{5-14}$$

式中:N_e——累计当量轴载作用次数;

N——设计年限内一个车道的累计重型车辆交通量;

CAM——重型车辆荷载平均影响系数。

计算各层当量轴载作用次数结果见表 5-22。

累计当量轴载作用次数计算结果表　　　　　　　　表 5-22

路段	路面结构层	CAM	N_e
奥迭内—马里	基层、底基层、垫层及土基	0.4	49896
	沥青层	0.4	49896
奥迭内—几内亚	基层、底基层、垫层及土基	0.4	59007
	沥青层	0.4	59007

3)路面结构设计参数

(1)路面面层。

面层均采用 5cm 沥青混凝土。

(2)路面基层、底基层。

基层均采用 18cm 机轧碎石,底基层采用 20cm 的精选红土粒料。

(3)垫层及土基。

垫层与土基材料相同,均为红土粒料,垫层不单独作为路面结构层参与路面计算,模量取值暂定为 80MPa。

(4)混合料计算参数取值。

路面结构尺寸的计算在恒温条件下进行,即等效温度,等效温度计算考虑每年的温度变化循环周期。根据《Conception et Dimensionnement des Structures de Chaussée(1994 SETRA/LCPC)》,参考科特迪瓦当地已有公路经验及项目部提供的相关资料,本项目沥青混合料的等效温度取 30℃。

根据法国相关标准及法国 LCPC 公司的 Alizé 专业软件,沥青混合料的计算参数取值见表 5-23。

沥青混合料计算参数取值　　　　表 5-23

材料类型	$E(10℃,10\text{Hz})$（MPa）	$E(30℃,10\text{Hz})$（MPa）	$\varepsilon_6(10℃,25\text{Hz})$	b	S_n	k_c
沥青混凝土	9310	2200	100×10^{-6}	-0.2	0.25	1.1

4) 路面结构容许值计算

(1) 竖向压应变 $\varepsilon_{z,ad}$。

土基及底基层顶的竖向压应变 $\varepsilon_{z,ad}$:

$$\varepsilon_{z,ad} = 0.016(N_e)^{-0.222}$$

重型车辆荷载平均影响系数 $CAM = 0.4$。

奥迭内—马里段:

$$N_e = N \times CAM = 49896$$

$$\varepsilon_{z,ad} = 0.016(N_e)^{-0.222} = 1449.3 \times 10^{-6}$$

奥迭内—几内亚段:

$$N_e = N \times CAM = 59007$$

$$\varepsilon_{z,ad} = 0.016(N_e)^{-0.222} = 1396.3 \times 10^{-6}$$

基层顶的竖向压应变 $\varepsilon_{z,ad}$:

$$\varepsilon_{z,ad} = 0.012(N_e)^{-0.222}$$

重型车辆荷载平均影响系数 $CAM = 0.4$。

奥迭内—马里段:

$$N_e = N \times CAM = 49896$$

$$\varepsilon_{z,ad} = 0.012(N_e)^{-0.222} = 1087 \times 10^{-6}$$

奥迭内—几内亚段:

$$N_e = N \times CAM = 59007$$

$$\varepsilon_{z,ad} = 0.012(N_e)^{-0.222} = 1047.2 \times 10^{-6}$$

(2) 水平向拉应变 $\varepsilon_{t,ad}$。

沥青混凝土层的水平向拉应变 $\varepsilon_{t,ad}$:

奥迭内—马里段:

$$N_e = N \times CAM = 49896$$

$$\varepsilon_{t,ad} = 356.0 \times 10^{-6}$$

奥迭内—几内亚段:

$$N_e = N \times CAM = 59007$$

$$\varepsilon_{t,ad} = 344.3 \times 10^{-6}$$

综上,土基顶面 $EV2$ 值为 80MPa 时,路面各层容许值见表 5-24。

路面各层容许值一览表　　　　　　　　　　　表 5-24

设计段落	沥青混凝土层 $\varepsilon_{t,ad}$	基层顶 $\varepsilon_{z,ad}$	底基层及土基顶 $\varepsilon_{z,ad}$
奥迭内—马里	356.0×10^{-6}	1087×10^{-6}	1449.3×10^{-6}
奥迭内—几内亚	344.3×10^{-6}	1047.2×10^{-6}	1396.3×10^{-6}

5) 实际应变计算

面层、基层及底基层等各层之间均已设置了黏层或透层,因此它们的层间结合在计算时按连续考虑。根据《Conception et Dimensionnement des Structures de Chaussée (1994 SETRA/LCPC)》,需对沥青混凝土面层的层底拉应变进行计算,同时需计算基层、底基层及土基顶的压应变,实际应变计算结果见表 5-25。

实际应变计算结果汇总表　　　　　　　　　　表 5-25

设计段落	面层底部实际应变 ε_t	基层层顶实际应变 ε_z	底基层顶实际应变 ε_z	土基顶实际应变 ε_z
奥迭内—马里	176.4×10^{-6}	958.9×10^{-6}	758.1×10^{-6}	742.1×10^{-6}
奥迭内—几内亚	176.4×10^{-6}	958.9×10^{-6}	758.1×10^{-6}	742.1×10^{-6}

根据以上计算结果可知,沥青层层底拉应变为本项目路面结构厚度设计控制性因素。

6) 实际值与容许值的对比

通过对比表 5-24 和表 5-25 后发现,奥迭内—马里段、奥迭内—几内亚段面层底实际拉应变,基层顶、底基层顶及土基顶实际压应变均小于相对应的容许值。

7) 路面结构方案确定

通过以上验算,结合 CCTP 规定,新建路段推荐的路面结构如下:

奥迭内—马里段:
面层:5cm 沥青混凝土;
基层:18cm 机轧碎石;
底基层:20cm 精选红土粒料;
总厚度:43cm。

奥迭内—几内亚段:
面层:5cm 沥青混凝土;
基层:18cm 机轧碎石;
底基层:20cm 精选红土粒料;
总厚度:43cm。

5.5 本章小结

（1）通过法国标准与我国公路设计相关标准的对比，在规范体系、关键技术等方面，论述了两者之间的差异。对基于法国标准的路面设计从方案设计、简明初步设计、详细初步设计、施工图设计等全过程进行了系统阐述。

（2）总结归纳了法国路面的典型结构，对基于法国标准的红土粒料路基、路面设计过程中的关键参数取值方法及范围进行了详细介绍，并给出了科特迪瓦奥迭内—马里、几内亚边境公路工程设计实例，以供参考。

第6章 结论与展望

6.1 结论

以科特迪瓦奥迭内—马里、几内亚边境公路工程为对象，同时收集西非区域红土粒料实践经验数据，对非洲热带多雨气候条件下红土粒料作为高等级公路路基及面层填料的路用性能及对应的道路结构层进行研究，得出结论如下：

（1）通过西非区域红土粒料成因及区域分布研究，总结出红土粒料一般特征，发现天然红土粒料存在粗大颗粒较多、砂类土粒径缺失、细粒土含量比例过高等明显的颗粒级配缺陷，在常规压实功作用下粒料颗粒容易产生破碎等缺陷，且红土粒料具有分布区域广、形成机理复杂而漫长、性能随风化程度或母岩的种类变化多样等特点。但是，结合当地实际工程地质条件，红土粒料在房建、市政及公路工程中仍然有着广泛的应用。

（2）红土粒料取用深度通常在地表2m范围内，基于不同深度处红土粒料基本性能试验对比，发现0.5~1.0m范围内红土粒料性能要优于其他深度范围。该结果对路面结构层填料的选取具有良好的指导意义。

（3）通过红土粒料相关试验，提出路面结构层红土粒料关键性指标，发现天然红土粒料几乎都可以用于路基填筑，精选红土粒料或者改良红土粒料可以用于路面结构层。基于路面结构层通过红土粒料改良试验及配合比试验，提出水泥或者水泥+砂的改良方案，验证了改良方案的合理性。

（4）考虑到非洲地区独特的气候条件，设计了基于无侧限抗压强度的干湿循环试验。结果表明，水泥或者水泥+砂改良的红土粒料具有较好的水稳性能。

（5）通过对西非红土粒料的室内改良试验和现场路基、路面试验路铺筑及监测、数值分析等，提出将红土粒料作为路基、路面填料的改良技术和施工工艺，确定合适的水泥改良红土粒料的掺拌配合比，得到红土粒料路基路面施工压实机械组合、最佳含水率、松铺厚度、压实遍数等施工参数，为西非红土粒料路用性能利用提供技术支持。

（6）提出红土粒料用作路基、路面填料时对应的道路结构，编制红土粒料路基路面对应的道路结构设计图，为西非红土粒料用作高等级公路路基、路面填筑提供理论和技术依据。

6.2 展望

（1）本书研究对象是以法国标准为基础的西非区域红土粒料。由于依托工程区域石灰、碎石等资源较为缺乏，改良方案多以水泥、砂为主。考虑到红土粒料还广泛分布于非洲其他地区及南美洲等地，可能还存在其他较为合理的改良方案及处治措施，有待在后续的研究中进一步加强。

（2）项目研究结合依托工程建设对红土粒料作为路基、路面材料的可行性及适用性进行了系统的试验研究，通过相应试验段验证了施工工艺的可行性，但限于非洲工程建设的客观条件，未能开展路基、路面结构稳定性的长期监测。今后如果有条件，可以在现场布设相应监测仪器，对路基结构受力特性及长期稳定性进行系统监测，为路基、路面结构设计与评价提供更加可靠的科学依据。

（3）由于国内对红土粒料相关路用性能研究较少，依托工程主要以法国标准为参考进行设计、施工，与国内现行标准、规范有较大差别。红土粒料在区域分部上差异性较大，且西非区域国家较多，各个国家基本都在法国标准基础上总结自己的公路工程建设经验，研究成果虽然具有良好的推广意义，但是仍存在一定的不足。

参 考 文 献

[1] 王伯伟.非洲地区的筑路材料——红土砾石[J].公路,1985(12):27-31.

[2] 杨戈,陶泽峰.西非红土粒料形成及其应用[J].中外建筑,2016(7):142-143.

[3] 姜锋华.马里红土粒料基层施工工艺与质量控制[J].四川水力发电,2016,35(4):107-109.

[4] 周大全,甄玉凤,曹长伟.非洲热带地区红土砾料在公路工程中的应用[J].中外公路,2015(s1):124-127.

[5] 纪更占,钱劲松,杨开合.西非马里地区红土粒料的矿物组成与路用性能[J].公路工程,2017,42(5):327-331.

[6] 张瑞菊,王国康,白墨.非洲天然红土粒料的路用性能及使用标准[J].交通科技,2017(1):23-26.

[7] ONANAVL. Geological identification, geotechnical and mechanical characterization of charnockite-derived lateritic gravels from Southern Cameroon for road construction purposes[J]. Transportation Geotechnics,2017(10):35-46.

[8] 王大宝.土壤固化剂稳定细粒土路用性能试验研究[D].郑州:郑州大学,2010.

[9] 张明俊.石灰改良碳酸盐渍土路用性能试验研究[D].长春:长春工程学院,2017.

[10] 陈中秋.掺砂砾改良盐渍土路用性能的试验研究[J].路基工程,2014(04):97-100.

[11] 张凯.流化床燃煤固硫灰固化淤泥质土路用性能研究[J].应用基层与工程科学学报,2019,27(02):375-383.

[12] 沙爱民.半刚性基层的材料特性[J].中国公路学报,2008,2(1):1-5.

[13] 汪勇.水泥稳定钢渣道路基层材料工程应用研究[J].中国公路学报,2020(12):166-168.

[14] 蔡硕果.再生石灰粉煤灰稳定碎石材料的耐久性评价[J].中国建材科技,2020,29(04):38-40.

[15] OSUNADE. Effect of replacement of lateritic soils with granite fines on the compressive and tensile strengths of laterized concrete[J]. Building and Environment, 2002, 37(5):491-496.

[16] 柴福斌,李刚,赵明,等.中、法沥青路面材料试验体系的差别[J].中外公路,2009,29(04):293-297.

[17] 艾长发,邱延峻.重载交通作用下沥青路面结构的三维空间力学响应分析[J].重庆交通学院学报,2003,22(1):22-26.

[18] 牛岩,张晨晨,王旭东,等.中法沥青混合料压实特性研究[J].公路,2018,63(11):89-93.

[19] 王乐宇,廖公云,白琦峰.中外沥青路面结构设计参数对比研究[D].南京:东南大学,2015.

[20] 刘锋,李刚,丁小军.法国规范体系下全厚式沥青混凝土路面结构设计方法[J].公路,2008(9):139-142.

[21] 刘晋周.中法沥青混凝土及半刚性基层设计指标与路用性能研究[D].重庆:重庆交通大学,2018.

[22] 刘军勇,李刚,张留俊.基于法国标准的沥青路面材料的运用[J].公路工程,2010,35(5):152-157.

[23] 蒋松利,丁淑巍,徐小明.基于法国标准的复合式基层沥青路面结构设计案例分析[J].中外公路,2018,38(05):69-72.

[24] 李刚,王崇涛,丁小军,等.基于法国规范的土方、垫层和路面综合设计方法[J].中外公路,2009,28(4):285-288.

[25] 王秉纲.水泥混凝土路面合理结构的研究[J].广西交通科技,2001,15(04):124-125.

[26] 雷文茂.复合式基层沥青路面长寿命分析[D].长沙:中南大学,2009.

[27] 魏昌俊,张卫兵.半刚性路面基层的弯拉和劈裂疲劳特性[J].重庆交通学报,1998(3):37-39.

[28] 武金婷.半刚性基层合理层位与合理厚度研究[D].西安:长安大学,2009.

[29] 桂慧龙.长寿命路面结构组合研究[D].武汉:华中科技大学,2012.

[30] 邓学钧,李昶,于伟.水平荷载作用下的路面结构应力[J].岩土工程学报,2002,7(05):15-18.

[31] 杨群,黄晓明.基层模量对路面性能影响分析[J].东南大学学报,2001,29(12):51-52.

[32] 黄晓明,汪双杰.现代沥青路面结构分析理论与实践[M].北京:科学出版社,2013.

[33] 廖公云,黄晓明.ABAQUS有限元软件在道路工程中的应用[M].南京:东南大学出版社,2008.

[34] 严作人.层状路面温度场分析[D].上海:同济大学,1982.

[35] 林骋.交通荷载作用下沥青路面数值模拟分析[D].杭州:浙江大学,2010.

[36] 沈金安.国外沥青路面设计方法总汇[M].北京:人民交通出版社,2004:124-126.

[37] 张起森.高等级路面结构设计理论与方法[M].北京:人民交通出版社,2005:114-115.

[38] 沙庆林.高等级公路半刚性基层沥青路面[M].北京:人民交通出版社,1998:360-494.

[39] 彭波,李文瑛,戴经梁.半刚性基层沥青面层合理厚度研究[J].公路标准化,2004(7):38.

[40] 刘晋周.中法沥青混凝土及半刚性基层材料设计指标与路用性能研究[D].北京:交通运输部公路科学研究所,2019.

[41] 吕明敏,蔚三艳.半刚性基层沥青路面结构基层参数力学分析[J].山西建筑,2007,33(24):293-294.

[42] 周文波,项光明.车辆超载对沥青路面早期破损影响分析[J].四川建筑,2008,28(4):56-58.

[43] 武红娟,王选仓.AASHTO法中土基模量取值对沥青路面的影响[J].长安大学学报(自然科学版),2008,28(5):14-17.

[44] 丛林.半刚性基层材料性能参数的试验研究[J].建筑材料学报,2001,5(06):23-24.

[45] 沙爱民.半刚性路面材料结构与性能[M].北京:人民交通出版社,1998:210-212.

[46] 赵海生.半刚性基层沥青路面力学性能分析[D].西安:长安大学,2010.

[47] 法国RST"沥青混合料的设计"工作组.法国沥青混合料设计指南[R].[出版地不详]:法国道路桥梁中心实验室,2010.

[48] 王永胜,孔永健.AASHTO沥青路面结构设计方法在我国的适用性研究[J].北方交通大学学报,2004,28(4):58-62.

[49] 王宝生.基于法国规范的路基路面设计方法[J].公路交通科技(应用技术版),2009(4):2.

[50] 边巧巧.基于法国规范的沥青混凝土路面设计方法[J].中外公路,2010,30(1):101-104.

[51] 林有贵,罗竟.级配碎石基层的回弹模量及沥青路面设计弯沉的研究[J].中南公路工程,2001(4):62-64.

[52] 孙立军.沥青路面结构行为理论[M].北京:人民交通出版社,2005:38-42.

[53] 牛开民,田波.沥青路面的温度场和沥青面层的当量温度系数[R].北京:交通运输部公路科学研究院,2017.

[54] 粟培龙,张争奇,王秉纲.考虑有效温度及荷载的沥青混凝土路面车辙等效温度研究[J].公路,2011(1):6-12.

[55] 姚卫星.结构疲劳寿命分析[M].北京:国防工业出版社,2003:125-126.

[56] 王建明,石灰增钙渣混合料疲劳特性研究[J].粉煤灰综合利用,1998(2):49-51.

[57] 法国经济发展指导合作部.国外道路工程手册[M].陈道才,译.北京:人民交通出版社,1980.

[58] 郭永祥.半刚性基层沥青混凝土路面病害分析与路面结构设计参数研究[D].合肥:合肥工业大学,2020.

[59] 李海滨,赵海生,沙爱民,等.基于控制裂缝和车辙的半刚性基层沥青路面力学行为分析[J].武汉理工大学学报,2014,36(04):65-72.

[60] 李燕,范正金,任瑞波.基于半刚性层模量衰变路面疲劳寿命分析[J].山东建筑大学学报,2010,25(06):18-20.

[61] 罗辉,朱宏平.基于断裂分析的沥青路面疲劳寿命预测[J].中外公路,2007,8(4):49-52.

[62] 王忠源.温度、水和损伤作用下的沥青路面力学响应分析[D].合肥:合肥工业大学,2020.

[63] 王宏畅,李国芬,侯曙光,等.高等级沥青路面基层底裂缝扩展规律[J].南京林业大学学报(自然科学版),2007(02):36-37.

[64] 魏道新.半刚性基层沥青路面损坏模式与结构优化研究[D].西安:长安大学,2010.

[65] 陈兵维.沥青路面荷载型裂缝的分析和预防[J].公路交通科技(应用技术版),2009,5(02):33-34.

[66] 路鑫,毛久海,李小刚,等.路基回弹模量对路面结构力学性能影响的数值分析[J].路基工程,2015,15(03):132-135.